FENG SHUI
LES 108 SECRETS

**Réponses simples et précises sur l'art
d'aménager et de décorer pour le mieux-être**

Catalogage avant publication de Bibliothèque et Archives nationales du Québec et Bibliothèque et Archives Canada

Tan, David

Feng Shui, les 108 secrets

ISBN 9782923656-10-6

Mise en page :
Centre d'Excellence de Feng Shui
7903 St-Denis, Montréal (Québec)
H2R 2G2
Tél : 514-387-4203 Sans frais : 1-866-676-3034
info@centrefengshui.com   www.centrefengshui.com

Feng Shui, les 108 secrets
ISBN 978-2-923656-10-6

© GROUPÉDITIONS ÉDITEURS
Dépôt légal - Bibliothèque et Archives nationales du Québec, 2008
Dépôt légal - Bibliothèque et Archives Canada, 2008

DAVID TAN

FENG SHUI
LES 108 SECRETS

**Réponses simples et précises sur l'art
d'aménager et de décorer pour le mieux-être**

*Lorsqu'il vit en harmonie avec son environnement,
l'être humain peut accomplir sa destinée*

Chapitre 1
Le Feng Shui et son origine

Origine du Feng Shui

L'origine de Feng Shui date de la dynastie de Zhou (du 11ième siècle à 256 avant Jésus-Christ). La fortune d'un logement était déterminée par la méthode de divination de Zhai Bu. Par exemple, pour déterminer l'emplacement bénéfique des tombeaux, le Zhai Bu était employé pour déceler des veines d'eau sous l'emplacement prévu pour une sépulture. S'il y avait une veine d'eau, l'emplacement n'était pas approprié. Cette pratique était une forme embryonnaire de Feng Shui. En effet, les empereurs chinois étaient particulièrement attentifs à l'orientation de leurs tombeaux. Ils croyaient fermement que la destinée des vivants était en grande partie déterminée par la qualité du Feng Shui des ancêtres.

Dans la Chine ancienne, il fallait appartenir à une classe privilégiée pour accéder à l'apprentissage du Feng Shui. Pendant des siècles, le Feng Shui est demeuré l'apanage de la famille impériale et des mandarins qui dirigeaient la cour. Il y avait très peu d'écrits sur le Feng Shui, hormis quelques textes rédigés par Wang Wu. Il fallut attendre jusqu'aux années 960 à 1200 après J-C pour trouver des écrits traitant du Feng Shui.

En effet, le Feng Shui a connu un développement important sous le règne des TANG (618 à 960 après J-C) et des SONG (960 à 1279 après J-C). Plusieurs écoles de Feng Shui ont été fondées durant cette période mais leurs approches étaient souvent contradictoires et très différentes les unes des autres.

Originaire de la Chine, le Feng Shui s'est répandu très rapidement vers les autres pays d'Asie, principalement au Vietnam, au Japon et en Corée. Sa pratique a été « rapatriée » en Chine par des exilés qui investissent aujourd'hui dans des entreprises à Hong-Kong. Le Feng Shui connaît aussi un essor considérable dans les communautés chinoises installées aux États-Unis et en Grande Bretagne, sans oublier les communautés chinoises grandissantes à Singapour et en Malaisie. Dans le monde occidental, le Feng Shui est entré par la porte du mouvement « Nouvel âge » qui focalisait sur le concept global du corps et de l'esprit. Depuis quelques années, le Feng Shui a connu une popularité grandissante. Aujourd'hui, son impact est puissant et mondial.

Secret : En 1997, à Hong Kong, le premier gouverneur chinois C-H Tung a refusé d'occuper la résidence coloniale et l'ancien bureau britannique parce qu'il considérait que le Feng Shui de ces deux bureaux était négatif

Le Feng Shui et ses bienfaits

L'idée fondamentale du Feng Shui repose sur le principe que tout ce qui nous entoure, jusqu'aux plus petits détails de l'ameublement ou du décor, peut nous aider à réussir ou, au contraire, nous desservir. En prenant conscience du subtil courant d'énergie qui parcourt à la fois notre corps et tout ce qui nous entoure, nous pouvons modifier l'environnement où nous vivons de façon à atteindre nos buts.

La pratique du Feng Shui diffère aujourd'hui substantiellement de celle de l'origine. De nos jours, le Feng Shui est accessible à tous. Sa pratique s'applique aux résidences comme aux lieux de travail.

La croissance urbaine et le nombre grandissant de gens vivant en appartement ou en condominium ont changé la façon dont le Feng Shui doit être interprété et mis en application. Et ce n'est pas tout! Le grand intérêt porté au savoir-faire du Feng Shui a vu naître plusieurs écoles de Feng Shui et de nombreux livres ont été écrits sur le sujet. Cependant, les techniques enseignées par certains praticiens de Feng Shui, ou les textes contenus dans la plupart des ouvrages sur le Feng Shui, ne sont que des techniques dérivées des textes anciens et ne reflètent pas toutes les subtilités du Feng Shui authentique.

Le Feng Shui d'aujourd'hui comprend l'étude de l'astrologie, de la nature, de la géographie et de l'environnement. Le tout doit être en harmonie avec les meubles et les objets d'aménagement dans le cadre de vie. Le Feng Shui vous apprend comment créer un environnement des plus sains pour vivre et pour travailler.

7

Plus l'apport de l'énergie est grand, plus sa qualité est bonne; plus la vitalité sera augmentée, meilleures seront les performances. Les Chinois associent souvent le Feng Shui à la santé, à l'abondance, au mieux-être et à la richesse.

Le Feng Shui est facile à mettre en pratique et il est très efficace si vous savez l'utiliser correctement. J'aime beaucoup la philosophie Feng Shui selon laquelle rien n'est permanent. La vie est un processus de changement dynamique. Tout évolue et change constamment. Ce principe est inspiré de la sagesse I-Ching. L'influence favorable se transforme en influence défavorable qui, à son tour, se transforme en influence favorable. Si vous traversez actuellement des moments difficiles, les jours heureux ne tarderont à venir. Le Feng Shui rend la vie plus facile lorsque la fortune vous est défavorable, et il vous apporte du succès quand le vent de la chance souffle dans votre direction. Le Feng Shui vous procure de l'énergie additionnelle dont vous avez besoin pour faire face aux différents défis de la vie.

Le Feng Shui ne vous fera pas nécessairement obtenir ce que vous souhaitez. Le Feng Shui vous aide à obtenir ce qui sera bénéfique pour vous et non ce que vous souhaitez. Ce que vous pensez être bon pour vous ne l'est pas toujours! Par exemple, vous êtes à la recherche d'un nouvel emploi et vous avez reçu deux offres intéressantes. La première implique un salaire de 40 000 $ annuellement et la deuxième, 60 000 $. Laquelle des deux choisirez-vous? Votre choix pourrait-être la deuxième, mais qu'est-ce qui vous dit que vous serez heureux dans cet emploi? Cette entreprise qui est prête à vous offrir un tel salaire est-elle viable et fiable? Aurez-vous le support de votre employeur? Ni vous ni moi ne connaissons l'avenir, à moins d'avoir une boule de cristal. Avec le Feng Shui, vous éviterez de prendre les mauvaises décisions et de faire les mauvais choix dans votre vie. Revenons à notre exemple : si le premier emploi est bénéfique pour vous, vous l'obtiendrez sans difficulté bien que le deuxième vous paraisse plus alléchant. Le Feng Shui vous apportera de nouvelles opportunités et vous guidera à choisir le bon chemin qui vous mènera au succès.

Secret : *Un arbre ou une plante situé devant la maison ne doit pas dépasser un mètre de hauteur afin de ne pas bloquer le chi destiné à la maison. Lorsque l'arbre se trouve directement à la porte d'entrée, vous risquez d'avoir beaucoup d'ennuis financiers, des maladies reliées à la bouche et de la désharmonie.*

Il ne faut pas croire au Feng Shui

Vous pourriez-être surpris(e) d'une telle déclaration émanant d'un maître de Feng Shui n'est-ce-pas? Pourtant, lorsqu'on parle du Feng Shui, on parle du flux du chi, du souffle du dragon, de l'équilibre. Mais que veut dire exactement le terme Feng Shui? Le Feng désigne le vent qui fait déplacer le Chi. Il est important que le vent souffle doucement, ni trop fort ni trop lentement. Un vent doux et une brise légère exercent un pouvoir énergétique et rafraîchissant. En revanche, un vent fort nous fatigue et nous stresse. Si le vent fait déplacer le Chi, nous aurons besoin d'un autre élément qui permettra de retenir ou ralentir le chi.

De là intervient l'Eau qui est appelé Shui. L'eau est vitale pour la vie. Notre corps est composé à 80% d'eau. Lorsqu'on parle de l'eau, on imagine un beau lac, une belle rivière ou encore un ruisseau qui coule doucement. L'eau symbolise le mouvement et attire du bon chi et de l'oxygène.
Toutes les formes de notre planète, jusqu'aux climats et aux humeurs célestes, subissent l'influence du vent et de l'eau.

Tout est animé par ce qu'on appelle le souffle vital, le souffle cosmique du dragon. Les Chinois donnent à cette énergie le nom de « Chi ». Le Chi est la force imperceptible et invisible qui se déplace dans le corps humain et dans l'environnement, à la fois dans les maisons et au dehors, sur la terre, sur l'eau, à travers les montagnes. Le Chi est partout et l'endroit où il se pose, il apporte avec lui une énergie spéciale qui attire la chance et l'abondance.

Le Feng Shui est souvent décrit comme un art de dompter « le vent et l'eau ». Le Feng Shui est un art millénaire qui consiste à créer un environnement favorable et bénéfique pour l'homme en conformité avec l'influence des forces visibles et invisibles du Vent et de l'Eau, remplies du bon Chi. Une concentration bénéfique du Chi favorise non seulement les animaux et les plantes, mais aussi les humains. Une énergie de qualité nous aide à avoir une bonne santé, une attitude positive devant la vie et une énergie additionnelle pour réaliser nos buts.

Le Feng Shui est considéré à la fois une science et un art. C'est une science, car l'étude de Feng Shui implique le calcul et l'utilisation de différentes formules, telles les mesures très précises de votre maison, la prise exacte des directions et l'emploi correct de la boussole. Le Feng Shui requiert aussi beaucoup d'analyses et d'observation.

Vous devez incorporer le Feng Shui dans l'art d'aménager et de décorer votre intérieur afin que les recommandations Feng Shui respectent le style et les besoins des habitants. Pour cette raison, le Feng Shui est considéré comme un art. Une maison aménagée correctement en fonction du Feng Shui sera non seulement harmonieuse mais aussi joliment décorée. Si le Feng Shui est fait correctement, vous obtiendrez ses bienfaits tout naturellement. Vous n'avez pas besoin d'y croire pour obtenir des résultats positifs. Car le Feng Shui n'est pas une croyance religieuse, ni une recette magique.

Le Feng Shui est une question de discipline et non de foi. Faites tout simplement confiance au Feng Shui! Son potentiel peut combler vos souhaits et vos aspirations à des niveaux divers. Lorsqu'il est combiné au pouvoir du mental pleinement éveillé, il n'y a pas de limite à l'influence bénéfique qu'il peut apporter dans nos vies. **Je ne crois pas au Feng Shui. Je lui fais confiance tout simplement.**

Secret : Lorsque vous êtes peiné, déprimé et que vous manquez d'énergie, ou encore que vous sentez des mauvaises vibrations, je vous suggère une technique de purification qui vous permettra de vous débarrasser de l'énergie malsaine. Tenez dans votre main un citron vert, appuyez fermement sur le fruit tout en imaginant que les mauvaises vibrations seront absorbées à l'intérieur de ce fruit. Répétez cette démarche plusieurs fois par jour et poursuivez pendant quelques jours. Utilisez un nouveau citron à chaque jour. Puis, trouvez un cours d'eau ou un fossé, jetez-y les citrons par dessus votre épaule sans vous retourner en disant : « Que toute énergie négative s'en aille ».

Comment pratiquer un Feng Shui efficace?

Plusieurs questions sont régulièrement soulevées au sujet de la pratique du Feng Shui et sur son efficacité. En voici quelques unes. Combien de temps faut-il pour commencer à obtenir des résultats positifs? Le Feng Shui est-il aussi efficace pour une maison que pour un bureau? Avec l'aménagement Feng Shui, dois-je changer toute la décoration ou encore abattre des murs ? Mon mari obtiendra-t-il des bienfaits du Feng Shui même s'il n'y croit pas?

Si vous désirez utiliser le Feng Shui pour améliorer votre vie, je vous conseille de garder un esprit ouvert. Peu importe votre race, votre culture ou votre religion, la pratique du Feng Shui convient à chacun d'entre nous. Bien que le Feng Shui provienne de l'Orient, ses applications sont universelles et facilement intégrées à notre style de vie et à nos goûts en décoration. Le Feng Shui peut parfois sembler faire injure à la logique et peut même irriter ses nouveaux adeptes. Une fois que vous aurez acquis certaines connaissances en Feng Shui, vous réaliserez que vous aviez déjà mis en pratique certaines pratiques de Feng Shui sans même le savoir.

Plusieurs personnes se demandent combien de temps est nécessaire pour obtenir des résultats positifs une fois l'aménagement Feng Shui complété et croient que tout doit être parfait pour obtenir des résultats. En réalité, il n'existe pas une maison parfaitement Feng Shui. De plus, n'oubliez pas que l'environnement se modifie. Il est donc logique qu'un très bon Feng Shui à l'origine puisse évoluer négativement par la suite.

De la même façon, la chance Feng Shui peut évoluer au fil du temps. Comme je l'ai mentionné plus haut, rien ne reste permanent, tout évolue, même la qualité de l'énergie. Pour cette raison, je recommande souvent à mes clients des visites de révision à chaque deux ou trois ans pour apporter les ajustements appropriés.

Pour en revenir au point précédent, chaque fois que vous faites des changements soit au niveau de l'aménagement ou de la décoration, vous créez un nouveau flux d'énergie qui apportera des changements dans votre vie. Les résultats positifs commencent à se manifester lorsque l'énergie dans la demeure est saine, équilibrée et renouvelée.

Plusieurs de mes clients ont obtenu des résultats positifs entre quatre et six semaines après un aménagement Feng Shui, et pour d'autres, il a fallu jusqu'à quatre à six mois, voir même un an avant d'obtenir les bienfaits. Pourquoi les résultats ne sont-ils pas les mêmes pour tout le monde? Plusieurs raisons peuvent expliquer pourquoi les bienfaits tardent à se manifester :

• **Le désordre :** vous n'obtiendrez aucun résultat bénéfique du Feng Shui si votre maison est en désordre. Une pièce ou une maison désordonnée risque de se remplir d'énergie stagnante. Le désordre ralentira la circulation du Chi, rendant plus difficile le renouvellement de l'énergie et empêchant ainsi l'arrivée de nouvelles opportunités dans votre vie.

• **L'énergie négative du passé** : l'énergie des précédents occupants de votre maison ou de votre appartement peut affecter l'énergie de votre demeure et nuire aux résultats du Feng Shui. En effet, si votre demeure a été occupée longtemps par des gens malheureux et malchanceux, ou encore par des personnes atteintes de graves maladies, il faudra tout d'abord faire purifier votre demeure pour assainir l'atmosphère et éliminer l'énergie malsaine. Sinon, les résultats positifs tarderont à arriver.

• **Définition de vos priorités** : plusieurs d'entre nous veulent être à la fois riches, heureux en amour, en santé, voyager davantage, etc. C'est légitime de vouloir avoir une vie parfaite et heureuse mais ce n'est pas raisonnable de penser de réaliser tous nos désirs en même temps. En plus, cela créera un stress énorme de vouloir tout réussir et de tout avoir.

Si vous aviez un outil vous permettant de transformer votre vie, demandez-vous ce que vous désirez améliorer. Savoir ce que vous voulez de la vie vous aidera à focaliser votre énergie et facilitera la réalisation de vos rêves. Pour vous motiver, déterminez d'abord ce que vous voulez obtenir en premier, puis en deuxième et ainsi de suite, selon l'ordre de vos priorités et essayez d'atteindre un objectif à la fois.

• **Changements trop rapides :** l'aménagement Feng Shui implique souvent le renouvellement de la décoration. Cependant, il n'est pas conseillé d'essayer de faire des changements à toute vitesse. Les modifications trop brusques bousculent l'énergie et cela pourra vous causer du stress et de la désharmonie plutôt que le mieux-être. Décorez une pièce à la fois et prenez le temps de choisir les meubles et les objets de décoration. Observez et ressentez l'énergie à chaque nouvelle décoration que vous introduisez dans une pièce.

Par exemple, vous accrochez un nouveau tableau dans votre salon. Asseyez-vous confortablement et concentrez-vous sur l'objet. Est-ce que vous l'aimez? En le regardant, est-ce qu'il vous procure des émotions positives et heureuses? En choisissant des meubles ou des objets de décoration, il est important de réfléchir à ce que vous voulez de la vie et de votre maison, pour que chaque objet participe à la création d'une atmosphère qui facilite la réalisation de vos objectifs.

Lorsque vous achetez des meubles ou des objets de décoration, ne les choisissez pas parce qu'ils sont en solde. Choisissez les plutôt selon vos goûts, votre style de décoration et la particularité de votre habitation. Si vous entrez dans une pièce en vous sentant heureux ou excité, une partie de cette énergie se répandra à l'intérieur et créera ainsi le bon Feng Shui.

• **Attitude négative :**

L'attitude négative ou les doutes ne font pas partie du vocabulaire du Feng Shui. En effet, plusieurs personnes qui commencent à faire le Feng Shui chez elles s'attendent à avoir des résultats dans les jours ou les semaines qui suivent. Elles sont stressées de ne pas obtenir les résultats souhaités. Il faut lâcher prise. Une fois que le Feng Shui est mis en place, vous n'avez plus besoin d'y penser. Lorsque vous êtes anxieux et impatient, vous créez des blocages qui retardent les résultats.

J'aimerais vous rappeler que le Feng Shui ne vous donne pas nécessairement tout ce que vous désirez, ni au moment que vous le souhaitez. Vous obtiendrez les résultats et les bienfaits seulement lorsqu'ils seront bénéfiques pour vous et au moment le plus opportun. Sinon, vous ne les obtiendrez tout simplement pas.

Voici un autre exemple. Vous faites le Feng Shui en espérant rencontrer prochainement un partenaire amoureux. Aussi longtemps que vous n'êtes pas prêt émotionnellement, vous ne rencontrerez personne! Vous commencez alors à douter, à croire que le Feng Shui ne fonctionne pas et vous vous questionnez sur son efficacité. La méfiance détruira votre confiance et vous éloignera de vos objectifs et donc de votre réussite.

Secret : Si vous avez des collègues envieux, jaloux ou mesquins, qui essaient de vous nuire au travail, je vous recommande de placer un coq rouge majestueux dans votre bureau. Le coq représente l'élément Feu puissant qui protègera votre réputation. Sa crête rouge ainsi que ses puissants éperons lui confèrent sa magnifique capacité d'arrêter les rumeurs et les médisances.

Chapitre 2
Le Chi : le souffle cosmique du dragon

SECRET 5

Que veut dire le Chi?

Au cours des siècles, différentes cultures ont donné des noms différents au Qui cosmique. Les Chinois l'appellent Chi ou QI, les Japonais Ki, les Hindous le surnomment Prana et, en Amérique du Nord, on l'appelle **énergie**. C'est la force vitale de tout ce qui est animé : la qualité de l'environnement, la puissance du système solaire et de la lune, le climat ainsi que la force de vie des êtres humains.

Le Chi est une sorte de courant électrique qui traverse notre corps à une certaine fréquence et qui relie toutes les cellules du corps, un peu à l'image des câbles électriques dans une maison. Quand le corps n'a pas assez de Chi, il n'a pas le « courant électrique » nécessaire à la vitalité indispensable pour conserver leur santé aux cellules de notre corps et aux organes.

En Chine, le principe de Chi est très développé et appliqué dans la médecine traditionnelle, dans les arts martiaux, en acupuncture, le Tai Chi et même dans les pratiques de méditation.

Le Chi humain varie en quantité et en qualité d'une personne à l'autre. Mais ne rehausser que le Chi humain n'est pas suffisant. Il faut aussi vivre en harmonie avec l'environnement. Ainsi, le Chi du corps humain doit être en plein accord avec le Chi du milieu ambiant.

Le but du Feng Shui est de créer un environnement dans lequel le Chi circule librement et harmonieusement pour favoriser une bonne santé autant mentale que physique. Si le Chi circule sans heurts dans une maison, ses occupants seront positifs et leur vie sera paisible et heureuse. S'il se déplace trop lentement ou reste bloqué, de nombreux problèmes et difficultés risquent d'apparaître dans la vie quotidienne et dans les réalisations à long terme.

Il y a deux sortes du Chi : le bon Chi appelé Sheng Chi et le mauvais Chi appelé Sha Chi ou le Chi destructeur. La pratique du Feng Shui permet de dissoudre ou de faire dévier le Sha Chi qui apporte les maladies et la malchance.

Voici quelques principes à observer au niveau du Chi :

1. Le Chi doit circuler en courbe et non en ligne droite, car le Chi doit circuler harmonieusement, ni trop lentement, ni trop rapidement. Les allées droites, les longs corridors, accélèrent le flux du Chi et provoquent ainsi le déséquilibre.

2. Le désordre, la saleté et les coins sombres représentent les obstacles majeurs au Chi car ils arrêtent la circulation du Chi. En effet, la propreté et l'hygiène sont très importantes, car les énergies lourdes demeurent majoritairement dans la saleté, en particulier dans les coins les moins accessibles. L'énergie devient alors stagnante qui vous empêche ainsi d'atteindre vos buts.

3. De nombreux éléments peuvent, à l'extérieur tout comme à l'intérieur d'une demeure, perturber le mouvement du Chi. Les angles vifs des bâtiments, les poteaux téléphoniques, des lampadaires, des toits pointus, des pylônes, le vent excessif, représentent les flèches empoisonnées qui détruisent le Chi. À l'intérieur, des tables ou des meubles avec des coins aigus représentent également des flèches nocives.

4. Vous et les gens autour de vous influencez la qualité du Chi. En effet, vos pensées, vos humeurs et vos choix affectent et modifient continuellement votre Chi, soit positivement ou négativement. Apprenez à penser positivement et à évacuer les émotions négatives. Les gens avec qui vous passez votre temps ont aussi une grande influence sur vous. Passer plus de temps en bonne compagnie est une forme efficace de culture du Chi personnel.

5. L'environnement qui entoure votre demeure est important pour votre mieux-être. Si vous n'aimez pas ce que vous voyez à l'extérieur de votre demeure,

vous ne serez pas heureux à l'intérieur. Les montagnes, les rivières, les arbres, les fleurs, le gazon, les maisons et les bâtisses voisines influencent aussi la qualité de l'énergie qui entre chez vous.

6. Trop de meubles encombrants empêchent le flux d'énergie de circuler. En effet, chaque obstacle rencontré ralentit le Chi et entraîne un changement de parcours avant qu'il reprenne son mouvement. Vous devriez être en mesure de vous promener librement dans votre demeure, pièce par pièce, sans avoir besoin d'éviter ou de contourner des meubles à chaque fois.

Secret : *La présence des oiseaux indique souvent la bonne énergie sur le site. Les hirondelles qui, de retour de leur migration, viennent nicher sous les toits ou les balcons, sont considérées encore aujourd'hui comme étant un signe bénéfique pour la maison et les personnes qui y habitent. D'ailleurs, il est bénéfique en Feng Shui de placer une cabane d'oiseau devant la façade de la maison. Le va et vient des oiseaux vous apportera de nouvelles énergies venant d'ailleurs et ainsi de nouvelles opportunités dans votre vie.*

Comment attirer le bon Chi dans notre demeure?

Comment vous sentez-vous lorsque vous portez une nouvelle chemise ou une nouvelle blouse? Personnellement, je me sens plus en forme, plus joyeux et plus motivé chaque fois que je porte une nouvelle cravate ou un nouveau veston. L'énergie semble renouvelée. Votre maison agit de la même façon. Elle a besoin que vous la décoriez, habilliez les fenêtres, meubliez les pièces ou encore peinturiez de temps en temps les murs.

Si vous gardez toujours les mêmes meubles ou encore les mêmes décorations depuis les dix dernières années, vous risquez de vivre dans la stagnation. L'énergie a besoin d'être renouvelée, surtout lorsque votre vie connaît des changements. Je ne vous suggère pas de jeter tous vos meubles ou tous vos objets de décoration. Je vous encourage à vous débarrasser tout simplement des objets ou des meubles démodés ou dépareillés et de déplacer quelques objets une ou deux fois par année dans chacune des pièces. Par exemple, le tableau illustré de fleurs que vous avez placé au dessus de la tête de lit peut être déplacé sur un autre des murs de votre chambre.

Le bon Chi peut être activé et attiré par les sons, la lumière, les formes et les couleurs.

Les sons

On se surprend souvent, à l'écoute du bruit des vagues de la mer, du vent agitant les feuilles des arbres, de l'écoulement de l'eau d'un petit ruisseau, de se sentir vivant. Ces sons, reconstitués à l'intérieur de la maison, peuvent être une source de régénération de l'énergie.

Il y a aussi d'autres façons pour attirer l'énergie par le son : c'est le cas des carillons. Choisissez de préférence des carillons en métal car ils produisent des sons clairs. La qualité du son, la clarté et le timbre sont les facteurs d'efficacité les plus importants pour les carillons. Accrochez-les à droite ou à gauche de votre porte d'entrée. Avec le vent, ces vibrations sonores nettoient l'atmosphère et absorbent les énergies nocives qui peuvent entrer dans la maison.

Il est aussi recommandé de faire jouer une belle musique douce dans la maison. Au point de vue énergétique, la musique élève le niveau de Chi et dissipe les émotions stagnantes ou tristes. Lorsque vous placez une musique douce dans votre chambre à coucher, cela favorise une bonne communication et une bonne harmonie amoureuse.

Le son de l'eau provenant de la fontaine que vous placez devant votre maison ou dans votre salon apporte aussi une bonne énergie douce et rafraichissante.

La lumière

La lumière solaire règle l'activité de toutes les cellules et influence tous les êtres vivants. La luminosité dépend de la taille, de la forme et des décors des fenêtres, de la lumière artificielle et de la dimension des pièces. Vivre dans une maison non éclairée limite énormément le Chi. Privilégiez des maisons ayant beaucoup de fenestration. Un logement doit pouvoir offrir une grande quantité de lumière, car, symboliquement, celle-ci amène énergie et vitalité dans la vie.

Mettez de la lumière dans les coins et les couloirs sombres. Éclairez-les avec des lampes ayant une lumière chaude et agréable ou encore avec des tableaux de couleurs vives. Placez des sphères de cristal aux fenêtres pour attirer la lumière dans les pièces sombres ou encore dans les couloirs pour dynamiser l'énergie.

Les formes

Le Chi se déplace en suivant les formes de l'espace; il s'écoule comme un fluide prenant la forme d'un moule. L'énergie préfère les courbes et les coins arrondis plutôt que les lignes droites et les coins aigus. Installez des tables rondes ou ovales plutôt que des tables carrées ou rectangulaires et des allées sinueuses plutôt que des chemins rectilignes.

Les couleurs

En Feng Shui, les couleurs sont un grand outil pour améliorer les différents secteurs de notre vie, puisque ce sont des formes d'énergie et que leur vibration peut modifier de manière radicale la perception de l'espace. Les couleurs ont une vibration intimement liée à notre psychisme. Chaque couleur, dans la vibration subtile qu'elle émet, va entrer en interaction avec notre univers profond. Certaines couleurs sont Yin (bleu, vert, noir, violet) et nous invitent au repos, à la méditation, au retrait intérieur et à la passivité. D'autres couleurs sont Yang (rouge, orange, jaune) et nous relient à l'action, au mouvement et au dynamisme vital. Un tableau coloré, un rideau rouge, un coussin jaune ou encore un vase bleu, ravivera votre espace et transformera les vibrations actuelles en de nouvelles plus favorables.

Secret : En Feng Shui, le bris des objets ou la défectuosité des appareils vous invite à la prudence.

- Fissures dans la fondation : instabilité professionnelle et familiale;
- Problème de plomberie : risque d'avoir des maladies reliées aux systèmes de circulation et digestif;
- Fuite d'eau : pertes financières ou d'opportunités;
- Problèmes électriques : troubles de perte de mémoire, nervosité ou encore troubles nerveux;
- Toit brisé ou qui coule : accidents ou maladies reliées à la tête ou à la colonne vertébrale.

Les dangers des radiations électromagnétiques

La radiation électromagnétique la plus dangereuse provient des lignes de haute tension. Dans un fil conducteur, l'intensité d'un champ magnétique dépend de l'intensité du courant qui le produit (ampères) et est totalement indépendante de la tension (volts). Par exemple, une ligne à haute tension engendre un champ magnétique d'autant plus important que l'intensité de courant transporté est forte et, au contraire, ce champ magnétique diminue lorsque le courant diminue.

 Certaines lignes de transport électrique situées au voisinage des grandes villes, engendrent donc un champ magnétique plus important en hiver qu'en été. Sachez que les champs magnétiques se propagent à travers le plupart des matériaux : bois, air, pierre, béton. Certaines analyses démontrent clairement que les personnes, vivant à moins de 40 mètres d'une ligne de tension sont sujettes à de sérieux problèmes de santé : fatigue chronique, cancer, leucémie. La vie moderne nous a aussi habitué aux divers appareils électriques et électroniques : téléviseur, radio, téléphone cellulaire, four à micro-ondes, antenne parabolique, qui nous bombardent de radiations et détruisent la qualité vitale de l'énergie. Pour atténuer les rayons nocifs, il est recommandé de placer un vrai cristal de grande dimension (deux pouces de diamètre) près des sources qui dégagent des ondes électromagnétiques. Quoi qu'il en soit, essayez de vous tenir loin de ces appareils.

Secret : Les améthystes sont connues pour consolider la santé et les relations. Vous pouvez les placer au sud-est ou au nord-est pour neutraliser les obstacles à votre réussite. Attachez les améthystes avec un fil rouge et placez les aux deux pieds inférieurs du lit afin d'assurer la fidélité des époux.

Entrée du Chi

On se demande souvent si le Chi entre par les fenêtres ou par la porte d'entrée principale. Les deux réponses sont valables. Les fenêtres sont les yeux de la maison et l'ouverture des pièces vers l'énergie du ciel : un bon nombre de fenêtres et leur dispositions adéquates permettent un rapport favorable de l'habitant au monde ainsi qu'un bon apport de Chi à l'intérieur de l'habitation.

Cependant, en Feng Shui, on compare souvent la porte d'entrée principale comme la bouche du Chi, l'entrée principale du Chi et de la chance dans la maison. La quantité d'énergie et sa qualité sont largement déterminées par l'état de votre porte et le chemin qui y mène. Si la porte d'entrée est négligée, sombre, masquée ou encombrée, le flux du Chi peut être grandement réduit.

Quand vous franchissez le seuil de la porte principale, vous y déplacez un flux d'énergie important. Plus nombreuses sont les personnes qui empruntent la porte principale, plus grande sera l'influence de cette dernière sur le Chi de la maison.

Une maison ayant plusieurs portes d'entrée n'est pas très bénéfique selon le Feng Shui. Dans les maisons d'aujourd'hui, il est fréquent d'utiliser, en plus de la porte d'entrée principale, la porte du garage, une porte arrière ou une porte latérale. Le flux du Chi est perturbé car le Chi ne sait trop par quelle porte entrer et cela peut provoquer de la turbulence. Les habitants dans une telle maison seront facilement nerveux et leur santé ainsi que leur relation pourraient en être affectées.

La position de la porte par rapport à la maison et la direction à laquelle la porte fait face déterminent la nature du Chi dominant de votre maison. Par exemple, le

Chi d'une porte orientée au Nord est beaucoup plus froid, plus passif, que celui d'une porte orientée au sud où le soleil est le plus fort et le Chi plus radieux.

Pour améliorer la quantité et la qualité du Chi qui entre dans votre demeure, voici mes recommandations au sujet de la porte d'entrée principale :

• Il faudrait que la porte principale donne sur un espace libre. Tous les objets représentant des flèches empoisonnées tels que : poteaux, troncs d'arbre etc., doivent être éloignés au moins 75 à 100 mètres de la maison;

• La porte d'entrée principale doit s'ouvrir vers l'intérieur et sur un grand espace, par exemple sur un salon large et spacieux plutôt que sur un mur, une autre porte, un placard ou encore un long corridor étroit. En respectant cette règle, le Chi circulera librement et se répandra dans toutes les pièces;

• La porte d'entrée principale ne doit pas être ni trop petite ni trop grande, mais elle doit être plus grande que la porte située à l'arrière de la maison;

• La porte d'entrée ne doit pas donner sur un escalier, car le Chi a tendance à aller tout droit et trop rapidement vers les étages supérieurs ou vers les étages inférieurs, délestant les pièces du rez-de-chaussée d'un pourcentage de leur énergie bienfaitrice;

• La porte d'entrée ne doit pas s'ouvrir sur des toilettes, car le Chi négatif des toilettes empêche l'énergie positive de pénétrer dans la maison. Cette situation peut vous causer des problèmes de santé ainsi que financiers. Gardez toujours les portes de toilettes fermées;

• La porte d'entrée principale doit être en parfait état. Pourquoi? Parce que la porte d'entrée représente la maison et la maison représente votre vie. Donc, une porte d'entrée cassée, abîmée ou écaillée peut vous amener inconsciemment à vous sentir dégradé vous aussi;

• La porte principale ne doit jamais donner sur un terrain plus élevé ou une montagne. Si c'est le cas, essayez de re-localiser la porte;

• La porte principale ne doit pas être située sous des toilettes se trouvant à l'étage supérieur. C'est une situation très défavorable et les habitants d'une telle demeure risquent d'avoir de sérieux problèmes de santé.

Secret : *Si votre demeure ou votre voiture a été cambriolée, vous risquez de subir les afflictions des étoiles volantes qui ont provoqué l'incident. Je vous recommande de préparer une solution de purification pour enlever les énergies négatives. Vous utilisez un mélange d'épice de safran et de l'eau avec du sel de mer. Nettoyez toutes les ouvertures, portes et fenêtres, avec cette solution pour prévenir un second cambriolage.*

Chapitre 3
Votre chi personnel

Êtes-vous Yin ou Yang?

Pour savoir si vous êtes Yin ou Yang, consultez le tableau suivant et référez-vous à la ligne qui correspond à votre date de naissance.

Tableau 3.1

Année	De	À	Polarité	Kua Homme	Kua Femme
1927	2 février 1927	22 janvier 1928	yin	1	8
1928	23 janvier 1928	9 février 1929	yang	9	6
1929	10 février 1929	29 janvier 1930	yin	8	7
1930	30 janvier 1930	16 février 1931	yang	7	8
1931	17 février 1931	5 février 1932	yin	6	9
1932	6 février 1932	25 janvier 1933	yang	2	1
1933	26 janvier 1933	13 février 1934	yin	4	2
1934	14 février 1934	3 février 1935	yang	3	3
1935	4 février 1935	23 janvier 1936	yin	2	4
1936	24 janvier 1936	10 février 1937	yang	1	8
1937	11 février 1937	30 janvier 1938	yin	9	6
1938	31 janvier 1938	18 février 1939	yang	8	7
1939	19 février 1939	7 février 1940	yin	7	8
1940	8 février 1940	26 janvier 1941	yang	6	9
1941	27 janvier 1941	14 février 1942	yin	2	1
1942	15 février 1942	4 février 1943	yang	4	2
1943	5 février 1943	24 janvier 1944	yin	3	3
1944	25 janvier 1944	12 février 1945	yang	2	4

Année	De	À	Polarité	Kua Homme	Kua Femme
1945	13 février 1945	1 février 1946	yin	1	8
1946	2 février 1946	21 janvier 1947	yang	9	6
1947	22 janvier 1947	9 février 1948	yin	8	7
1948	10 février 1948	28 janvier 1949	yang	7	8
1949	29 janvier 1949	16 février 1950	yin	6	9
1950	17 février 1950	5 février 1951	yang	2	1
1951	6 février 1951	26 janvier 1952	yin	4	2
1952	27 janvier 1952	13 février 1953	yang	3	3
1953	14 février 1953	2 février 1954	yin	2	4
1954	3 février 1954	23 janvier 1955	yang	1	8
1955	24 janvier 1955	11 février 1956	yin	9	6
1956	12 février 1956	30 janvier 1957	yang	8	7
1957	31 janvier 1957	17 février 1958	yin	7	8
1958	18 février 1958	7 février 1959	yang	6	9
1959	8 février 1959	27 janvier 1960	yin	2	1
1960	28 janvier 1960	14 février 1961	yang	4	2
1961	15 février 1961	4 février 1962	yin	3	3
1962	5 février 1962	24 janvier 1963	yang	2	4
1963	25 janvier 1963	12 février 1964	yin	1	8
1964	13 février 1964	1 février 1965	yang	9	6
1965	2 février 1965	20 janvier 1966	yin	8	7
1966	21 janvier 1966	8 février 1967	yang	7	8
1967	9 février 1967	29 janvier 1968	yin	6	9
1968	30 janvier 1968	16 février 1969	yang	2	1
1969	17 février 1969	5 février 1970	yin	4	2
1970	6 février 1970	26 janvier 1971	yang	3	3
1971	27 janvier 1971	15 février 1972	yin	2	4
1972	16 février 1972	2 février 1973	yang	1	8
1973	3 février 1973	22 janvier 1974	yin	9	6
1974	23 janvier 1974	10 février 1975	yang	8	7
1975	11 février 1975	30 janvier 1976	yin	7	8
1976	31 janvier 1976	17 février 1977	yang	6	9

Année	De	À	Polarité	Kua Homme	Kua Femme
1977	18 février 1977	6 février 1978	yin	2	1
1978	7 février 1978	27 janvier 1979	yang	4	2
1979	28 janvier 1979	15 février 1980	yin	3	3
1980	16 février 1980	4 février 1981	yang	2	4
1981	5 février 1981	24 janvier 1982	yin	1	8
1982	25 janvier 1982	12 février 1983	yang	9	6
1983	13 février 1983	1 février 1984	yin	8	7
1984	2 février 1984	19 février 1985	yang	7	8
1985	20 février 1985	8 février 1986	yin	6	9
1986	9 février 1986	28 janvier 1987	yang	2	1
1987	29 janvier 1987	16 février 1988	yin	4	2
1988	17 février 1988	5 février 1989	yang	3	3
1989	6 février 1989	26 janvier 1990	yin	2	4
1990	27 janvier 1990	14 février 1991	yang	1	8
1991	15 février 1991	3 février 1992	yin	9	6
1992	4 février 1992	22 janvier 1993	yang	8	7
1993	23 janvier 1993	9 février 1994	yin	7	8
1994	10 février 1994	30 janvier 1995	yang	6	9
1995	31 janvier 1995	18 février 1996	yin	2	1
1996	19 février 1996	6 février 1997	yang	4	2
1997	7 février 1997	27 janvier 1998	yin	3	3
1998	28 janvier 1998	15 février 1999	yang	2	4
1999	16 février 1999	4 février 2000	yin	1	8
2000	5 février 2000	23 janvier 2001	yang	9	6
2001	24 janvier 2001	11 février 2002	yin	8	7
2002	12 février 2002	31 janvier 2003	yang	7	8
2003	1 février 2003	21 janvier 2004	yin	6	9
2004	22 janvier 2004	8 février 2005	yang	2	1
2005	9 février 2005	28 janvier 2006	yin	4	2
2006	29 janvier 2006	17 février 2007	yang	3	3
2007	18 février 2007	6 février 2008	yin	2	4

Année	De	À	Polarité	Kua Homme	Kua Femme
2008	7 février 2008	25 janvier 2009	yang	1	8
2009	26 janvier 2009	13 février 2010	yin	9	6
2010	14 février 2010	2 février 2011	yang	8	7
2011	3 février 2011	22 janvier 2012	yin	7	8
2012	23 janvier 2012	9 février 2013	yang	6	9
2013	10 février 2013	30 janvier 2014	yin	2	1
2014	31 janvier 2014	18 février 2015	yang	4	2
2015	19 février 2015	7 février 2016	yin	3	3
2016	8 février 2016	27 janvier 2017	yang	2	4
2017	28 janvier 2017	15 février 2018	yin	1	8
2018	16 février 2018	24 janvier 2019	yang	9	6

Il est simple de savoir si vous êtes une personne Yin ou Yang. Consultez le tableau 3.1 et, selon votre date de naissance, vous connaîtrez votre polarité.

Voici un exemple. Si vous êtes un homme né le 28 janvier 1971, votre chiffre Kua est 2 (on verra la signification du chiffre Kua ultérieurement) et vous êtes une personne Yin. Si vous êtes une femme née le 20 août 1968, votre chiffre Kua est 1 et vous êtes une personne Yang.

En fait, que signifient le Yin et le Yang et quelles sont leurs implications dans notre vie quotidienne?

Le concept du Yin et du Yang est un élément fondamental de la culture chinoise et asiatique. Le Yin et le Yang sont aussi représentés par le Tai-chi.

Le mouvement éternel est réglé par deux moteurs, la réceptivité (Yin) et l'expansion (Yang). Le Yin et le Yang sont opposés mais se complètent. Ces deux énergies primordiales, qui sont en mouvement perpétuel, ne cessant de se compléter et d'unir leur dualité en ce centre d'équilibre parfait qu'est le Tao.

Le Yin représente la lune, la terre, la nuit, le froid, le féminin, la passivité, le repos tandis que le Yang représente le soleil, la lumière, la chaleur, le jour, le masculin, le mouvement, l'activité.

En chacun de nous, il y a une partie du Yin et du Yang. Cependant, toute chose tend soit vers le Yin, soit vers le Yang. De ce fait, les personnes ont toujours un caractère dominant, soit plus Yin, soit plus Yang.

Si vous êtes une personne Yang :

Vous avez en vous plus d'énergie masculine. Vous êtes une personne logique et motivée par les faits et par les résultats. Vous aimez mener et contrôler. Vous êtes intéressée aux statistiques, aux nouvelles, aux nouveaux gadgets, aux instruments, aux sports et aux solutions des problèmes. Vous n'aimez pas recevoir les conseils des autres ni que l'on vous dicte quoi faire.

Vous êtes de nature active, spontanée et impulsive dans vos gestes et dans vos paroles. Vous avez tendance de vous stresser plus facilement et vous avez de la difficulté à vous reposer. Vous prenez les décisions en sachant ce que vous désirez et vous protégez ceux que vous aimez.

Si vous êtes une personne Yin :

Il y a plus d'énergie féminine en vous. Vous êtes une personne sensible, émotionnellement vulnérable. Vous préférez suivre plutôt de mener. Vous avez beaucoup d'imagination et aimez la communication. Vous aimez tout ce qui est romantique : la poésie, la musique et les arts.

Vous avez tendance à refouler vos émotions plutôt qu'à les évacuer. Vous prenez plus de temps à réfléchir avant d'agir et vous prenez des décisions importantes par voie d'élimination. Vous êtes une personne patiente et savez quand il faut dire non. Vous aimez recevoir et partager.

Donc, si vous êtes une personne Yang, il serait important que votre demeure soit décorée plus Yin, vous permettant ainsi de vous relaxer et de récupérer plus rapidement. Et si vous êtes une personne Yin, une décoration trop Yin vous rendra encore plus vulnérable, émotive et passive.

Vous aurez donc besoin de petites touches de décoration Yang pour vous stimuler, vous dynamiser et vous redonner de l'énergie.

Secret : *Savez-vous que le chiffre 8 est l'un des éléments du Feng Shui les plus favorables et ce jusqu'en 2023. Selon l'étude des étoiles volantes, l'étoile 8 est celle la plus forte, la plus brillante et la plus bénéfique. On n'est pas surpris d'apprendre que les Chinois ont choisi le 8-8-2008 pour inaugurer les Jeux Olympiques à Beijing. Alors, si vous désirez avoir un aquarium, ayez 8 poissons. Vous avez un nouveau téléphone? Demandez à votre compagnie de téléphone de vous donner un nouveau numéro qui contient les chiffres 8. La prochaine fois que vous changez l'immatriculation de votre voiture, demandez une nouvelle plaque avec les chiffres 888.*

Le Yin et le Yang dans vos relations

Le Yin et le Yang s'opposent mais s'attirent mutuellement. Donc, il est essentiel de découvrir quel est votre type d'énergie si vous désirez avoir une relation amoureuse heureuse. Si vous êtes une personne de type Yin, vous aurez plus de chance de succès en amour avec un partenaire Yang et vice versa. Dans une relation, lorsque les deux partenaires ont le même type d'énergie, soit les deux Yin ou les deux Yang, ils connaîtront beaucoup de difficulté en couple. Prenons l'exemple de deux amoureux qui sont Yin. Par leur énergie Yin, ils aiment être guidés par l'autre, mais ce ne sera pas toujours facile à réaliser car les deux partenaires préfèrent suivre plutôt que mener.

Leurs attentes ne seront pas comblées et leurs relations deviendront confuses. Lorsque les deux partenaires sont Yang, ils veulent mener et contrôler l'autre. Cela engendre souvent une compétition entre eux. Leur communication devient difficile et les disputes sont fréquentes. N'essayez pas non plus de vous changer en Yang si vous êtes Yin ou encore vous changer en Yin si vous êtes une personne Yang, surtout dans les premiers mois de votre relation car ce sera catastrophique!!! Si vous essayez de changer votre polarité ou vos rôles dans un couple, vous risquerez de saboter votre union. Dans un couple, les deux partenaires partagent ensemble un terrain où chacun occupe une partie du terrain de l'autre. L'un occupe le pôle Nord ou le Yin et l'autre occupera le pôle Sud ou le Yang et les deux se promènent librement entre eux. L'importance est de maintenir l'équilibre du Yin et du Yang dans une relation pour qu'elle soit harmonieuse.

Secret : Savez-vous que la salle de bains est identifiée aux organes internes de l'être humain? Il ne faut pas qu'elle soit trop petite ou trop grande. Si elle est trop petite, vous risquez d'avoir des problèmes de constipation ou encore d'indigestion. Si elle est trop grande, votre système digestif peut devenir fragile. Vous pourriez avoir souvent la diarrhée et des colites.

Votre chiffre personnalisé en Feng Shui

Avant que vous commenciez même à calculer le chiffre Kua, vous devrez avoir déjà converti votre ANNÉE de naissance selon le calendrier lunaire chinois. En effet, en Feng Shui, il y a deux systèmes de calendriers : le système de calendrier lunaire chinois et le système de calendrier de Xia (ou plus exactement le calendrier saisonnier). En fait, toutes les théories de Feng Shui jusqu'ici sont liées au calendrier lunaire.

Voici quelques exemples pour mieux illustrer l'utilisation du tableau 3.1 :

Exemple 1 :

Vous êtes un homme né le 3 mars 1958. La lecture du tableau vous permet de confirmer que cette date est bien comprise dans l'année lunaire 1958. Lisez la colonne Kua Homme et votre chiffre Kua est bien le 6.

Exemple 2 :

Vous êtes une femme née le 17 janvier 1949. Le tableau vous indique que l'année lunaire ne couvre que la période allant du 29 janvier 1949 au 16 février 1950. Pour la date du 17 janvier 1949, il faut remonter à l'année lunaire 1948. Lisez la colonne Femme et votre chiffre Kua sera le 8.

Quelle est l'utilité du chiffre Kua?

Le chiffre Kua vous permet de déterminer :

▪ votre élément;

▪ votre personnalité;

▪ vos directions personnelles bénéfiques et peu bénéfiques, de manière à vous positionner au mieux dans votre habitat, pour profiter des courants énergétiques positifs (position du lit, de votre bureau, de la cuisinière, etc.);

▪ la façade favorable pour votre demeure.

En aucune façon, le chiffre Kua ne vous indique les emplacements favorables ou peu favorables pour placer votre chambre, votre salle à dîner, votre salon ou votre bureau. Par exemple, pour une personne du chiffre Kua 4, la direction nord-ouest signifie désastre (pertes financières). Cela ne veut pas dire que la partie nord-ouest de votre maison vous causera le désastre si vous y placez votre chambre. Vous aurez des pertes financières seulement si vous dormez avec la tête dirigée vers le nord-ouest ou lorsque la façade de votre demeure s'oriente vers le nord-ouest.

Secret : Savez-vous que le rouge est la meilleure couleur à porter si vous désirez augmenter la confiance ou si vous désirez avoir plus d'énergie pour conclure des ventes? Les accessoires ou bijoux de ton rouge sont aussi bénéfiques. Les tons rouges sont aussi recommandés particulièrement en hiver pour diminuer les effets yin de la saison avec son essence yang. Le blanc est une couleur parfaite pour les femmes qui ne veulent pas se laisser marcher sur les pieds dans leur domaine professionnel. Le blanc dénote plus d'assurance et d'autorité. Portez des habits blancs, des broches ou encore des pins d'argent ou d'or à chaque fois que vous participez à des réunions importantes.

Directions favorables pour le lit et le bureau

Selon plusieurs livres de Feng Shui, il faudrait dormir avec la tête vers le Nord. Le Nord est une direction où le soleil est le plus faible. Donc, l'énergie est plus Yin et propice pour vous procurer un sommeil apaisant. Cette direction est conseillée davantage aux personnes âgées ou à celles ayant un sommeil fragile. Cependant, cette direction n'est pas recommandée aux adolescents car l'énergie est trop passive pour eux.

Je recommande donc que votre lit soit placé selon votre propre énergie, c'est-à-dire selon votre chiffre Kua. Quand vous cherchez la meilleure orientation pour dormir ou tout simplement pour vous asseoir, choisissez les directions bénéfiques pour vous.

Voici les quatre directions bénéfiques pour chacun des chiffres Kua :

	Sheng Chi	Tien Yi	Nien Yen	Fu Wei
Kua 1	SUD-EST	EST	SUD	NORD
Kua 2	NORD-EST	OUEST	NORD-OUEST	SUD-OUEST
Kua 3	SUD	NORD	SUD-EST	EST
Kua 4	NORD	SUD	EST	SUD-EST
Kua 6	OUEST	NORD-EST	SUD-OUEST	NORD-OUEST
Kua 7	NORD-OUEST	SUD-OUEST	NORD-EST	OUEST
Kua 8	SUD-OUEST	NORD-OUEST	OUEST	NORD-EST
Kua 9	EST	SUD-EST	NORD	SUD

Privilégiez la direction Sheng Chi car c'est celle qui vous procurera la réussite et la richesse. Si ce n'est pas possible, les autres directions seront aussi bénéfiques pour vous.

LE LIT :

Pour placer correctement votre lit, cherchez d'abord vos quatre directions favorables pour orienter la tête de votre lit vers l'une d'elles. Cependant, ne déplacez pas votre lit si vous éprouvez des difficultés à dormir car il arrive que certaines personnes soient sensibles aux directions.

Donc, si mon chiffre Kua est le 8, les directions favorables pour mon lit seront : sud-ouest, nord-ouest, ouest et nord-est.

LE BUREAU :

Orientez votre bureau de travail dans une de vos bonnes directions, cela vous permettra d'accroître votre créativité et votre productivité.

Plusieurs livres de Feng Shui recommandent que vous orientiez le bureau dans l'une de vos bonnes directions vous permettant de travailler en regardant dans cette direction. Je ne désapprouve pas cette méthode car certains de mes clients ont obtenu des résultats positifs.

Personnellement, je recommande plutôt de placer le dos de votre chaise dans une de vos directions favorables. En effet, dans notre vie professionnelle, lorsque notre arrière est solide et bien appuyé, nous aurons plus de succès. Donc, à vous d'expérimenter et de découvrir laquelle des deux méthodes vous donnera des résultats plus positifs.

Le dos de votre chaise doit s'orienter vers une de vos bonnes directions.

Il arrive que l'espace de notre logement ne vous permette pas toujours de placer votre lit dans la direction souhaitée selon notre chiffre Kua. Ne soyez pas inquiet outre mesure! Les énergies associées à ces directions ne vous indiquent qu'une tendance et non une affirmation. Pour remédier la situation, placez votre lit dans la position de commandement. Même si la position couchée ne correspond pas à vos directions favorables, néanmoins, vous voyez qui entre dans la pièce. La position du lit par rapport à l'entrée de la chambre a plus d'importance que son orientation par rapport aux directions du chiffre Kua.

Secret : *Si vous désirez faire des travaux de rénovation ou de construction dans la maison, il y a des secteurs que vous ne devriez pas «déranger» au cours de certaines années. Selon l'étude des étoiles volantes, construire une extension peut parfois porter grandement malheur si la construction a lieu pendant une année néfaste. Cela arrivera si vous perturbez le secteur du « Cinq jaune ». Il vous est conseillé d'ajourner la construction à une autre année. Le tableau ci-dessous détermine les secteurs à éviter :*

Année 2008 : Sud   Année 2009 : Nord   Année 2010 : Sud-ouest
Année 2011 : Est   Année 2012 : Sud-est   Année 2013 : Centre
Année 2014 : Nord-ouest

Apprenez à vous connaître et les autres par le chiffre Kua

Vous avez appris antérieurement que le chiffre Kua vous aide à déterminer les directions bénéfiques pour le lit et le bureau de travail. Le chiffre Kua vous permet aussi de connaître votre profil ainsi que celui des autres (consultez le tableau 3.1 à la page 31 pour connaître votre chiffre Kua selon votre date de naissance et de votre sexe).

VOTRE CHIFFRE KUA : 1

Trigramme : Kan (Eau)
Élément : Eau

Vous êtes généralement une personne timide et réservée. Vous préférez réfléchir et penser longuement avant de prendre vos décisions. Vous êtes souvent flexible et capable de vous adapter aux différentes circonstances de votre vie. Dans votre vie, tout semble en mouvement perpétuel : travail, amour, finances etc. De toute façon, vous n'aimez pas la routine et n'avez pas peur de recommencer.

Au travail, vous préférez travailler seul ou à votre compte. Travailler en équipe n'est pas votre force. Vous excellez dans les emplois qui requièrent une bonne communication. D'ailleurs, vous n'aimez pas beaucoup les travaux qui demandent un trop grand effort physique. En amour, vous êtes prudent dans le choix de votre partenaire. Vous analysez avec soin celui ou celle avec qui vous aimerez être en amour. Une fois choisi, vos sentiments pour l'autre sont très profonds. Vous êtes une personne très passionnée et la sexualité est très importante dans votre relation de couple.

Compatibilité : Personnes de Kua 6, 7, 3 et 4

Secret : *Savez-vous que Nelson Mandela a le même chiffre Kua (1) que vous?*

VOTRE CHIFFRE KUA : 2

Trigramme : Kan (Terre)
Élément : Terre

Vous aimez rendre service et prendre soin des autres. Vous prêtez une oreille attentive lorsqu'on vous demande conseil. Vous aimez être entouré et avez certaine difficulté à vous retrouver seul. Vous avez besoin d'être reconnu pour ce que vous avez accompli et on remarque en vous un certain sentiment d'insécurité. Les « feedback » des autres sont importants pour vous. Vous respectez vos obligations et accomplissez bien vos tâches.

Vous excellez en travail d'équipe et vous êtes reconnu pour votre professionnalisme. Tous les emplois reliés au service public vous conviennent très bien. Cependant, des tâches de superviseur ou de contrôleur vous conviennent beaucoup moins. En amour, vous aimerez prendre soin de votre partenaire surtout lorsque vous êtes un homme et la sexualité est importante dans votre relation. Si vous êtes une femme du chiffre 2, vous êtes attirée par les hommes forts, athlétiques. En général, vous êtes une personne fidèle et dévouée en amour. Cependant, vous avez tendance d'accorder un peu trop d'amour et d'attention et votre partenaire peut se sentir étouffé.

Compatibilité : Personnes de Kua 6, 7, et 9

 Secret : *Savez-vous que le Dalaï-Lama a le même chiffre Kua (2) que vous?*

VOTRE CHIFFRE KUA : 3

Trigramme : Chen(Tonnerre)
Élément : Bois

Vous êtes une personne de nature positive, énergique et pleine d'humour. Vous avez tellement d'énergie à dépenser et votre esprit est vif comme un éclair. Vous êtes en mesure de faire plusieurs activités en même temps, mais aurez-vous le temps de toutes les compléter? Vous êtes un visionnaire. Les nouvelles idées et les nouveaux projets ne vous manquent pas! Vous aimez agir vite et obtenir les résultats rapides. Vous n'aimez pas toujours admettre vos erreurs et vous avez tendance à être frustré facilement.

Au travail, toute activité qui nécessite la créativité, le « brainstorming », vous convient très bien. Vous n'aimez pas travailler sous pression et vous avez besoin d'une certaine indépendance. Vous avez besoin de travailler fort pour bien gagner votre vie. Vous pouvez gagner beaucoup d'argent mais vous le dépensez aussi rapidement. En amour, vous avez besoin que votre partenaire respecte votre espace privé. Votre apparence physique ainsi que celle de votre partenaire amoureux sont importantes pour vous. En amour, vous êtes un être vibrant et excitant.

Compatibilité : Personnes de Kua 1 et 9

 Secret : *Savez-vous que Elvis Presley a le même chiffre Kua(3) que vous?*

VOTRE CHIFFRE KUA : 4

Trigramme : Sun(Vent)
Élément : Bois

Vous avez beaucoup d'intuition et êtes une personne très sensible. Vous avez une grande facilité à influencer et à persuader les autres. Les amis, les collègues et la famille peuvent compter sur vous. Vous êtes une personne généralement loyale et bienveillante. Comme le vent, vous avez tendance à changer souvent le cap de votre vie et votre humeur est instable. Vous devriez éviter toute source de conflit ou de dispute car vous êtes vite épuisé. Vous avez beaucoup de difficulté à garder pour vous un secret qui vous révélé confidentiellement. La vie des personnes du chiffre 4 peut connaître des hauts et des bas mais leur attitude positive leur permet de rester debout.

Au travail, vous êtes un employé loyal et productif. Lorsque vous travaillez dans un environnement où vous êtes supporté ou encouragé, vous serez très efficace. Vous n'aimez pas les situations embrouillées ou des tâches mal définies. En argent, vous avez tendance à dépenser plus que ce que vous gagnez. En amour, vous êtes un peu naïf. Vous croyez à l'amour romantique, à un amour vrai et profond. Attirant pour les autres, vous êtes sélectif dans le choix de vos partenaires. Loyal de nature, même si votre relation ne va pas bien, vous serez prêt à attendre qu'elle s'améliore. Les gens du nombre Kua 4 ont besoin d'investir plus d'efforts pour améliorer la communication avec leur partenaire amoureux.

Compatibilité : Personnes de Kua 1 et 9

 Secret *: Savez-vous que Harrison Ford a le même chiffre Kua (4) que vous?*

VOTRE CHIFFRE KUA : 6

Trigramme : Chien (Ciel)
Élément : Métal

Vous êtes un leader naturel et vous dégagez beaucoup d'autorité. Malgré votre apparence calme et réservée, vous avez une force d'entrain élevée. Vous êtes constant, prudent et rationnel dans vos actions et vos pensées. Vous êtes une personne directe et franche et votre sens d'autocritique est très élevé. Vous n'aimez pas cependant être critiqué par les autres. Vous êtes une personne travaillante et orientée vers les résultats. Au travail, vous n'êtes pas un innovateur mais plutôt un activateur. Vous n'avez pas l'habitude de changer souvent votre façon de travailler. Vous n'aimez pas donner des ordres mais vous n'aimez pas non plus travailler dans la solitude. Vous êtes un leader né et vous êtes doué pour mettre les choses à l'ordre. Vous avez une grande capacité de bien gérer vos finances. En amour, vous avez tendance de définir ce qui est approprié et ce qui ne l'est pas et vous êtes à la recherche d'un amour vrai et profond. Une fois que vous trouvez le bon partenaire, vous êtes un amoureux extraordinaire.

Compatibilité : Personnes de Kua 2, 8 et 1

 Secret *: Savez-vous que James Dean a le même chiffre Kua (6) que vous?*

VOTRE CHIFFRE KUA : 7

Trigramme : Tui (Lac)
Élément : Métal

Vous êtes une personne confiante, sociable, aimante et élégante. Vous adorez les sorties, les divertissements et les bons soupers. Votre apparence est importante et vous êtes attiré par de jolis vêtements et de beaux bijoux. On vous reconnaît par votre belle élocution et vous avez la facilité de capter l'attention de votre auditoire. Vous êtes souvent plus préoccupé par l'apparence des problèmes que par leurs causes réelles.

Au travail, vous préférez accomplir les tâches plutôt que les initier. Vous êtes capable de séparer le travail et la famille. Vous travaillez très fort mais vous ne négligez pas votre vie familiale et vos loisirs. Vous êtes très habile et compétent dans les travaux qui vous demandent d'évaluer les normes, les procédures et la qualité. En amour, vous êtes une personne de nature nostalgique mais généralement attirante. Vous êtes très sensuel et faire l'amour est considéré comme un art pour vous. Lorsque vous réalisez qu'il n'y a plus de romantisme ou d'excitation dans votre relation, vous pouvez décider de rompre rapidement.

Compatibilité : Personnes de Kua 2, 8 et 1

Secret : Savez-vous que George Washington a le même chiffre Kua (7) que vous?

VOTRE CHIFFRE KUA : 8

Trigramme : Ken (Montagne)
Élément : Terre

Vous êtes une personne travaillante et tenace. Vous accomplissez ce que vous souhaitez lors d'un processus long et persistant. Vous pouvez être à la fois confiant, d'une grande volonté et, en même temps, être fragile et indécis. Vous êtes reconnu pour votre entêtement et votre esprit de compétition lorsque vous êtes défié. Les personnes du chiffre 8 doivent apprendre à se détacher des détails, des personnes et des événements. Sinon, elles risqueront d'être toujours préoccupées et stressées. Vous n'aimez pas trop demander les opinions des autres et avez besoin d'obtenir par vous-même les réponses à vos questions. Malgré votre apparence calme, votre sens de la justice est très fort et vous êtes prêt à la défendre à tout prix.

Au travail, vous n'êtes pas le type qui innove, mais lorsque vous avez une idée, vous travaillerez sur le projet avec beaucoup de soin et de minutie. En général, vous êtes une personne diligente et démontrez beaucoup de loyauté. En amour, vous êtes très sensible et facilement affecté par le manque de compréhension. Lorsque vous trouvez la personne qui vous plaît, vous la poursuivrez sans relâche.

Compatibilité : Personnes de Kua 9, 6 et 7

Secret : *Savez-vous que le pape Jean Paul II a le même chiffre Kua (8) que vous?*

VOTRE CHIFFRE KUA : 9

Trigramme : Ken (Montagne)
Élément : Terre

En apparence, vous paraissez brillant, confiant, énergique mais cela peut cacher en vous un certain doute et un manque de confiance en soi. Il importe que vous ayez régulièrement le support et la reconnaissance de vos amis, de vos proches et de vos collègues. Vous êtes une personne passionnée, sophistiquée et ayant un grand sens critique. Vous avez beaucoup de charisme et vos connaissances sont nombreuses mais très peu d'amis restent avec vous.

Au travail, vous excellez dans les domaines reliés à la communication et à la vente. Vous êtes un leader naturel. Vous réussissez très bien à développer les réseaux de contacts, à organiser les rencontres ou encore à promouvoir les nouveaux produits. En amour, vous êtes une personne romantique et vous exprimez vos émotions avec facilité. Votre charisme vous rend très populaire auprès des gens. D'ailleurs, lorsque vous êtes amoureux, vous êtes un partenaire très attachant. Vous vous abandonnez complètement à la personne que vous aimez. Mais cela ne vous empêche pas d'avoir souvent des phantasmes et même des liaisons amoureuses.

Compatibilité : Personnes de Kua 3, 4, 2 et 8

 Secret : Savez-vous que Bill Clinton a le même chiffre Kua (9) que vous?

Votre énergie selon votre chiffre Kua

Chaque chiffre Kua est relié à un élément : Eau, Bois, Feu, Terre ou Feu. Chaque élément est associé à une gamme d'émotions (consultez la page 31 pour connaître votre chiffre Kua).

Connaissez-vous l'élément de votre énergie selon votre chiffre Kua?

Si votre chiffre Kua est 1, votre élément est Eau
Si votre chiffre Kua est 3 et 4, votre élément est Bois
Si votre chiffre Kua est 9, votre élément est Feu
Si votre chiffre Kua est 2 et 8, votre élément est Terre
Si votre chiffre Jua est 6 et 7, votre élément est Métal

(Il ne faut pas confondre l'élément du chiffre Kua avec celui de l'année de votre naissance. Par exemple, l'homme né en 1960 est un Rat de métal, mais son élément selon son chiffre Kua est Bois. En Feng Shui, on tient compte seulement de l'élément du Kua pour déterminer le type de son énergie).

Si votre élément est EAU (votre chiffre Kua est 1)

Eau est l'élément de la vie.

L'eau est caractérisée par la fluidité, l'adaptabilité, la capacité à s'insinuer partout.

Les gens de l'élément Eau sont sensibles, intelligentes et communiquent parfaitement. On a du mal à les cerner et ils ont tendance à n'en faire qu'à leur tête! Ils ont une habileté à influencer fortement les autres pour en obtenir aide et soutien sans que les personnes concernées s'en rendent forcément compte. Ce personnage est sympathique, doux, avec une grande communication, il a un don d'observation lui permettant de bien juger une situation.

Il lui est difficile de prendre une position prédominante. Il a une tendance à utiliser les ressources des autres et à agir sur les événements avec douceur, il n'impose rien. Son opposition se trouve ainsi affaiblie, mais perspicace et silencieux, il atteint son but final de manière indirecte.

Il est lucide et flexible, avec une grande adaptabilité, une "plasticité" du caractère et de la personnalité, au point de ne pas utiliser entièrement sa grande capacité intuitive et sa créativité; cette personne peut être trop conciliante et passive. A trop rechercher de l'aide, elle manque de ténacité et oublie souvent ses objectifs.

Votre caractère dominant : solitaire, irresponsable, inquiet, flexible, changeant.

Si votre élément est BOIS (votre chiffre Kua est 3 et 4)

Les personnes nées sous son influence sont solides et constructives. Ce sont des êtres tenaces et de bonne volonté. Ils ont de grands principes moraux ainsi qu'une grande capacité à travailler et à collaborer avec les autres.

Par contre, tel l'arbre qui tend à développer ses branches dans toutes les directions, la personne née sous cette influence a tendance à regarder dans toutes les directions et à gaspiller son énergie dans les multiples occupations.

Le natif du Bois a un perpétuel besoin d'harmonie pour être à même de pouvoir laisser s'épanouir son imagination et sa créativité.

S'il se trouve dans une situation où l'harmonie n'est pas idéale, il réagit spontanément par la colère. Celle-ci éclate s'il est né dans une année Yang, ou reste bouderie s'il est né dans une année Yin. Il faut dire qu'il est un peu susceptible parce qu'hyper-sensible.

Néanmoins, même en colère, il reste toujours digne car l'expression du Bois est l'élégance, et son état, la beauté.

Vous êtes créateur, imaginatif, ambitieux, convaincant. Quand vos intérêts sont en jeu, vous savez être diplomate et éviter les conflits... D'esprit ouvert, vous savez écouter, mais en cas de désaccord persistant, la colère vous guette...

Votre caractère dominant : pressé, impatient, créatif, insouciant, frustré.

Si votre élément est FEU (votre chiffre Kua est 9)

Les personnes nées au cours d'une année dominée par cet élément possèdent une grande énergie et irradient de la chaleur humaine. Cet élément leur confère le goût de l'aventure mais aussi du pouvoir ainsi que celui du succès.

Par contre, chez ces personnes, les émotions sont excessives, et leur désir de réussite, trop fort, peut alors devenir destructeur... Le natif du Feu vit chaque nouvelle passion de façon exclusive avec fougue et ardeur. Mais cette ardeur peut le rendre violent, et même irascible à la longue.

S'il maîtrise sa passion, ce feu dévorant et destructeur devient clarté, lucidité, et clairvoyance, qui sont ses atouts majeurs pour parvenir à la prospérité.

Brillant avec éclat en société, vous ne passez pas inaperçu, vous n'êtes pas timide, vous avez confiance en vous et vous avez du charisme.

Vous êtes passionné, chaleureux, ambitieux, dominateur... épuisant. L'inconnu vous attire, vous innovez, inventez et puisez dans votre imagination féconde des projets originaux qui ne manquent pas de séduire. À vous, les traversées du désert, les contrées vierges et inconnues. Vous adorez aller voir ce qui se passe ailleurs! Vous rêvez à de nouveaux langages, d'horizons lointains.

Votre caractère dominant : passionné, hyperémotif, colérique, hystérique, chicaneur.

Si votre élément est TERRE (votre chiffre Kua est 2 et 8)

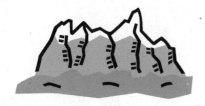

Le natif de la Terre est doué pour la pensée, la réflexion, et il a un excellent esprit d'analyse, ce qui l'incite à la circonspection et à la prudence.

Les personnes nées sous l'influence de la Terre auront un esprit pratique, le sens des réalités... en un mot elles ont "les pieds sur terre". Elles sont généralement dotées d'une excellente intelligence et d'une grande objectivité.

Elles sont diplomates, loyales et aiment aider les autres. Elles ont des principes bien ancrés et sont attirées par l'aspect pratique et fonctionnel des choses. Elles ne sont pas fantaisistes et brident souvent leur imagination. Prévoyant, doué, sérieux avec une grande capacité d'organisation, vous êtes un bon planificateur. Vous n'aimez pas particulièrement l'aventure et vous détestez le risque à moins que vous ne l'ayez préalablement bien calculé. Intelligent, objectif, vous dirigez les autres dans vos projets bien organisés. Intelligent mais sans grand dynamisme, vous êtes objectif et vous aimez prendre du recul.

Vous agissez lentement mais sûrement, ainsi vous réalisez des choses de grande valeur. On peut se fier à vous car vous assumez vos responsabilités et vous êtes discipliné. Toutefois, vous êtes souvent en proie au pessimisme et à la dépression, ou bien frappé d'anxiété et de préoccupations infondées. Mais votre grande volonté et votre persévérance vous permettent malgré tout de continuer votre chemin.

Par contre, les personnes nées sous l'influence de la Terre sont de nature pessimiste voire même dépressive avec bien souvent une place pour l'anxiété. Le désir est le moteur du natif de la Terre. Ce désir peut le mener à l'abondance à la condition qu'il soit maîtrisé.

Votre caractère dominant : indécis, jaloux, prudent, dépendant, fidèle.

Si votre élément est MÉTAL (votre chiffre Kua est 6 et 7)

L'influence de cet élément rend les personnes rigides et inflexibles. Elles sont ambitieuses, extrêmement tenaces, mais aussi individualistes. Elles se laissent difficilement décourager par les difficultés et les imprévus. Leur persévérance les conduit bien souvent au succès mais cette obstination les empêche de s'arrêter à temps pour changer de cap….

Le solide contrôle qu'il exerce sur lui-même, ou sur les situations qu'il rencontre, lui permet de réaliser ses projets avec une fermeté et une droiture impeccable.

Il est solide et constant, et ses meilleures armes sont l'esprit de décision et la capacité de jugement, ce qui fait de lui un individu intègre.

Attention! L'excès de Métal engendre la morosité et l'existence ne devient que tristesse.

Le Métal évoque la chasteté, la volonté, la dureté et l'intégrité. Vous êtes déterminé à aller au bout de vos entreprises, aucun obstacle ne vous arrête, au contraire la difficulté vous stimule.

Vous savez parfaitement vous débrouiller tout seul, et ne supportez pas qu'on vienne vous demander conseil. Vos objectifs sont concrets et bien définis: vous vous méfiez de ce qui pourrait remettre en question votre vie matérielle. Rigide, volontaire, vous manquez de diplomatie, vous tranchez et décidez. Vos conseils sont judicieux.

Votre force peut rassurer certains mais vous n'êtes pas facile à vivre, car vous étouffez les gens de votre entourage avec votre rigueur et votre intolérance. Apprenez à être moins carré, à accepter que les autres soient différents.

Votre caractère dominant : pessimiste, introverti, structuré, rigide, transparent.

Secret : Allumez tous les appareils électriques de votre chambre à coucher et promenez lentement une boussole au dessus de votre lit en regardant l'aiguille pour voir si elle reste stable ou si elle oscille. Plus elle oscille, plus il est probable qu'il y a beaucoup d'ondes électromagnétiques dans la pièce.

Chapitre 4
Choisir une bonne demeure où habiter

SECRET 15

Observez votre maison

Il nous arrive de déménager pour différentes raisons : changement de travail, attrait du calme des régions rurales, changement de la situation familiale etc.

Lorsque vous désirez changer de résidence, il sera important que vous en visitiez plusieurs avant de choisir laquelle habiter. Plusieurs critères sont importants dans le choix d'une résidence : aspects des maisons avoisinantes, proximité des écoles et des transports en commun, présence d'espaces verts. Et ce n'est pas tout! Avant de choisir de façon définitive votre nouvelle demeure, il serait sage de vérifier l'absence de sources souterraines et de failles géologiques susceptibles de créer des énergies invisibles qui pourraient affecter votre bien-être.

En tant que praticien de Feng Shui, j'ai visité des milliers de maisons et j'utilise toujours ma technique de détection d'énergie pour évaluer la qualité d'énergie d'un site. Un jour, j'accompagnais un client pour la visite d'une maison dont il envisageait l'achat. L'apparence extérieure de la maison me donna la chair de poule et, en même temps, j'éprouvai une grande tristesse. En y pénétrant, nous avons constaté que la maison était peu décorée et abandonnée en quelque sorte. Nous avons appris que le fils du propriétaire des lieux s'était suicidé quelque temps auparavant. Nous sommes partis aussitôt.

Lors de visites de maisons, à chaque endroit où vous passez, essayez de ressentir l'énergie de la rue, du quartier et surtout celle qui entoure la résidence que vous visitez. Notez votre première impression, ce que vous ressentez à la première seconde. Est-ce que vous vous sentez bien ou ressentez-vous un certain malaise? L'impression que fait une maison depuis la rue vous donne un bon indice de son énergie.

Par exemple, supposons que vous regardez la façade d'une belle maison dégagée, et que vous éprouvez momentanément une sensation de joie et de paix : la joie est probablement l'effet dominant que la maison aura sur vous si vous y habitez. Les effets à long terme sur les occupants dans cette maison seront bénéfiques : bonheur, allégresse, sérénité. Ne vous laissez pas influencer par les idées préconçues. Contentez-vous d'observer et d'enregistrer vos sensations tout en regardant la façade de la demeure.

Si la vue de la maison à partir de la rue est importante, la vue sur l'extérieur depuis l'intérieur ne l'est pas moins. De la porte d'entrée, que voyez-vous? Un terrain vaste? Une belle rivière? De grandes montagnes? Une usine? Un chemin de fer? Des pylônes électriques?

À chaque jour, lorsque vous sortez de la maison, ce que vous voyez à l'extérieur vous affecte profondément. En effet, c'est votre perception quotidienne du monde extérieur. Si vous êtes enchanté à chaque matin par une vision de beauté et de charme en quittant votre maison, le monde vous paraîtra plus serein et accueillant. Ainsi, vos attitudes et vos actes refléteront cette perception.

Secret : Savez-vous pourquoi la plupart des statues de Bouddha représentent des Bouddhas rieurs? Parce qu'il aime ramasser ce qui lui plaît le plus : les problèmes et difficultés des autres et les serrer dans son gros sac. Il est heureux de vous épargner les peines et les soucis. En Feng Shui, il est fortement recommandé de placer le Bouddha rieur dans le salon, préférablement face à la porte d'entrée, car le Bouddha bénit l'énergie qui entre chez vous. Les Bouddhas de ton rouge sont mes préférés. D'ailleurs, vous devriez placer les statues de Bouddha sur une table et jamais par terre.

À surveiller : l'accès à la maison

Pour attirer la chance, la partie avant votre demeure doit être bien dégagée et l'allée qui mène jusqu'à la maison doit encourager l'énergie d'y entrer. Si l'énergie s'écoule librement dans votre propriété et pénètre facilement dans votre demeure, votre vie s'en trouvera facilitée.

Voici quelques règles à respecter :

- L'allée doit avoir une surface lisse et ne pas comporter des creux ou de bosses

- Si votre allée a une pente descendante, votre maison est probablement au dessous d'une route. Il peut en résulter certaines difficultés dans votre carrière. Je vous suggère de placer les lumières tout au long des allées ou encore un tapis horizontal devant la porte d'entrée pour ralentir le flux du chi.

- Si votre allée est ascendante, votre maison doit se trouver au-dessus de la route. Le Chi aura la difficulté de remonter la pente pour rejoindre la maison. En conséquence, ce type d'allée peut vous causer des problèmes financiers. Ce n'est pas tout, la maison risque de ne pas recevoir toute l'énergie dont elle a besoin. Je recommande de placer un carillon près de la porte d'entrée et de l'éclairer.

- Le Chi n'aime pas trop les lignes droites : lorsqu'il en suit une, il s'accélère, fonce en avant et saccage de toute sa puissance l'endroit qui ne l'a pas invité à y rester. Il crée sur son passage une perturbation inouïe sous la forme d'une flèche empoisonnée. Pour cette raison, les allées sinueuses sont plus recommandées en Feng Shui que celles qui sont droites. Lorsque vous rentrez du travail, une allée sinueuse vous fera oublier les soucis de la journée. Une allée en ligne droite qui se rétrécit vers la maison n'est pas bénéfique non plus.

Une allée sinueuse amène le bon chi

Secret : *Beaucoup des gens ont découvert les bienfaits de trois sous chinois reliés par un fil rouge. En effet, ils attirent la chance en argent et en affaires. La pièce de monnaie a deux côtés : le côté Yang, qui a quatre caractères et le côté Yin, qui a deux caractères. Collez les côtés Yang des pièces sur vos contrats, vos caisses enregistreuses pour activer le succès et l'abondance.*

La forme recommandée pour les maisons

La forme de la maison la plus répandue est le carré ou le rectangle, alors que la forme ronde est réservée aux coupoles qui sont toutefois la partie d'une construction la plus proche du ciel. Il existe aussi des habitations de forme conique, comme les tentes typiques des indiens d'Amérique.

En Feng Shui, la forme carrée, rectangle, octogonale sont considérées comme les plus bénéfiques. Un carré représente une existence solide, régulière et stable. Un rectangle la même énergie que celle du carré. Cependant, si le rectangle est très allongé, il est préférable que l'entrée de la maison se situe sur le petit côté du rectangle.

Dans les nouvelles constructions d'aujourd'hui, nous retrouvons souvent des maisons des formes irrégulières ou asymétriques. Une forme asymétrique attire le regard et attribue à la maison un certain cachet.

Cependant, ce n'est pas très bénéfique en Feng Shui, car le déséquilibre de la forme risque de produire à long terme un débalancement au niveau du bien-être physique et mental des résidents. Les formes asymétriques des maisons risquent de créer des parties manquantes ou des ajouts.

En Feng Shui, les ajouts sont considérés favorables, tandis que les parties manquantes peuvent occasionner des problèmes et des difficultés dans votre vie.

Donc, nous traitons le cas où il y a une partie manquante dans une demeure. Regardons l'exemple suivant :

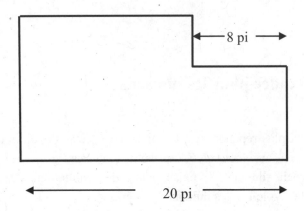

Si la partie de la maison qui est en retrait a une longueur inférieure à la moitié de la longueur totale, vous avez affaire à une surface manquante. Dans ce cas, la partie en retrait mesure 8 pi et elle est inférieure à la moitié de 20 pi. Donc, cette maison a une partie manquante.

En dépendant de l'endroit où se trouve se trouve la partie manquante, les résidents risquent de rencontrer des problèmes de toute sorte.

Si la partie manquante de la maison se trouve au secteur :

EST :

- Problème de santé
- La vie familiale perturbée
- Démarrage difficile des projets

SUD-EST

- Difficulté financière
- Perte de rentabilité
- Salaire insatisfaisant

SUD :

- Problème de commérage
- Manque de confiance
- Succès retardé

SUD-OUEST

- Peine d'amour
- Faible chance
- Carrière difficile (pour les femmes)
- Problème de communication

NORD

- Difficulté en carrière
- Sexualité insatisfaisante
- Vie sociale peu active

NORD-EST

- Trouble de paix intérieure
- Faible connaissance de soi
- Apprentissage difficile

NORD-OUEST

- Difficulté de trouver un conjoint (pour une femme)
- Fréquents accidents
- Risque de cambriolage
- Carrière difficile (pour un homme)

OUEST

- Enfants souvent malades
- Non réalisation de vos projets
- Manque de créativité

Secret : *La fleur de prunier et le prunier lui-même sont considérés comme des symboles de la bonne destinée. La fleur signifie la pureté et l'arbre est remarqué par son parfum et vu comme un important symbole de longévité. Si vous désirez un arbre ornemental, mais aussi bénéfique, pensez au prunier. Le prunier est préférable è l'arrière de la propriété et encore plus bénéfique s'il est au Nord.*

Les bonnes directions de la façade

Premièrement, vous devez être capable de définir la façade d'une propriété. Contrairement à la croyance populaire, la direction de la façade d'une propriété ne doit pas toujours être la direction de la porte principale.

Bien sûr, la porte principale est un des facteurs décisifs qui déterminent la façade d'un bâtiment. Dans la plupart des cas, les architectes placent la porte principale du côté de la façade du bâtiment. Mais de temps en temps, vous rencontrerez quelques architectures différentes ayant l'entrée principale placée au côté d'un bâtiment, comme par hasard. Dans un cas comme ceci, vous aurez alors besoin d'utiliser votre jugement.

Façade de la maison

Habituellement, la façade d'une demeure serait l'endroit où vient la principale source du chi . Cela pourrait vouloir dire aussi **la rue la plus occupée, la mer ou la rivière**. Cela peut se traduire aussi pour signifier le côté qui reçoit le plus de lumière. Quelquefois, il est difficile de déterminer l'orientation du bâtiment car il pourrait être construit pour faire face à deux directions différentes. Dans ce cas, considérez le côté qui reçoit le plus de lumière ou le chi. C'est habituellement l'endroit où il y a plus de portes, fenêtres ou points d'entrée.

Une fois que la façade est déterminée, vous prenez la direction de la façade avec une boussole en vous installant avec dos face à la porte d'entrée.

Voici les directions favorables de la façade selon votre chiffre Kua (référez-vous à la page 31).

Si votre chiffre Kua est 1, 3, 4, 9 : les directions favorables sont nord, est, sud-est et sud.

Si votre chiffre Kua est 2, 6, 7, 8 : les directions favorables sont nord-est, nord-ouest, ouest et sud-ouest.

Secret : *Pour les Chinois, les goûts associés aux cinq éléments font partie intégrante de la vie. Apporter le Yin, le Yang et les cinq éléments dans la cuisine est une science à part entière. Dans l'alimentation, il faut avoir un équilibre des cinq éléments : Eau, Bois, Feu, Terre et Métal.*

Eau : *goût salé. Exemple : les sauces.*
Bois : *goût aigre. Exemple : olives, vinaigre.*
Feu : *goût amer. Exemple : lime, piment.*
Terre : *goût sucré. Exemple : les fruits.*
Métal : *goût piquant. Exemple : ail, moutarde, gingembre.*

Est-ce bénéfique de vivre près de l'eau?

Il y a deux sortes d'eau, Eau majeure et Eau mineure. Le terme « eau majeure » indique les cours d'eau naturels, tandis que l'eau « mineure » est créée artificiellement. En Feng Shui, l'eau symbolise la mobilité, le mouvement et l'abondance. Les grandes quantités d'eau génèrent des énergies puissantes, aussi doit-on soigneusement choisir l'emplacement de l'eau, que ce soit une rivière, un lac ou une piscine.

Le Feng Shui de l'eau, qui active le Chi propice des eaux naturelles, requiert un examen attentif des dimensions, des reliefs et des caractéristiques environnants, pour que le Chi porteur de richesse de l'eau qui passe soit effectivement dirigé vers la maison. Lorsque la source d'eau est bien positionnée par rapport à la maison, les résidants bénéficieront d'une grande abondance. Pour analyser si l'eau est bénéfique pour votre propriété, plusieurs facteurs doivent être considérés :

- L'année où vous emménagez dans votre demeure;
- L'orientation de l'eau par rapport à la porte d'entrée;
- L'emplacement de l'eau par rapport à la maison;

\- La façon dont l'eau quitte la maison;

Le praticien de Feng Shui sera en mesure d'analyser l'environnement et de vous donner des recommandations appropriées à ce sujet.

D'ailleurs, plusieurs personnes achètent une propriété ayant une vue sur la rivière ou un fleuve. Si la vue est importante, la direction de son cours l'est encore plus. Il est important que l'eau coule dans la bonne direction, soit de gauche à droite ou de droite à gauche, et cela dépend de la direction de votre porte d'entrée.

Voici les règles de base :

Si la façade de votre demeure est : sud, ouest, nord et est, **l'eau doit couler de gauche à droite.**

Si la façade de votre demeure est : sud-est, nord-ouest, sud-ouest et nord-est : **l'eau doit couler de droite à gauche.**

Vous devez aussi éviter à tout prix les situations où le courant d'eau se déplace de l'arrière de la maison vers le devant. Vous risquez d'avoir de grandes pertes de richesse.

Secret : Dans le Feng Shui du bureau, il n'est pas conseillé de vous asseoir dos à la porte d'entrée. Peu importe que la porte soit directement derrière vous ou en biais. Vous ne devez jamais vous laisser surprendre. Ne vous faites pas poignarder dans le dos. Il est recommandé de ne jamais tourner le dos à la fenêtre, à moins que la fenêtre ne donne sur un grand bâtiment, qui peut agir comme un appui solide pour vous.

Les numéros civiques chanceux

Les nombres ont des qualités de yin et de yang. Les nombres impairs (1, 3, 5, 7. 9) sont considérés yang tandis que les chiffres pairs (0, 2, 4, 6, 8) sont considérés yin. Puisque la qualité de yang est souvent associée à la croissance et à la prospérité, les nombres yang sont généralement plus souhaitables que les nombres de yin.

Cependant, il y a des exceptions à la règle. Le nombre Huit est considéré comme étant un nombre propice non seulement parce que les Chinois considèrent qu'entre les nombres 1-9, le 8 est le dernier nombre Yin : ils croient que lorsque vous êtes au fond, vous n'avez pas d'autres choix que de remonter.

Donc, le nombre 8 représente le potentiel, la croissance et le changement de la malchance en bonne chance. Le 8 représente aussi les huit trigrammes (le Bagua) – un symbole puissant de transformation. Dans les études avancées de Feng Shui, l'étoile volante Huit est aussi celle la plus bénéfique jusqu'en 2023.

Souvent, des nombres sont évalués non seulement selon leur qualité de yin et de yang ou leurs significations symboliques, mais également selon la prononciation. En affaires, les nombres de trois chiffres comme 328 et 888 sont très populaires pour les Chinois parce qu'ils retentissent les mêmes sons lorsqu'on dit « les affaires prospéreront facilement » et « les trois fois prospères ». Des nombres généralement de trois chiffres sont préférés à ceux de deux ou quatre chiffres parce que 3 est un nombre yang.

Le nombre Six est également très propice, non seulement parce qu'il a la même prononciation que le mot « profitable » ou la « chance » en cantonais mais aussi parce que Six est deux fois de Trois et Trois, un nombre primaire chanceux puisqu'il prend 3 points au minimum pour créer une forme géométrique. Trois est le commencement de toutes les choses et deux fois 3, c'est 6. Le nombre Six signifie que les moyens progressent et les résultats obtenus vont doubler. Pour les mêmes raisons, les numéros de trois chiffres 326 et 666 sont également populaires pour les Chinois.

D'ailleurs, les nombres 1 et 9 sont des nombres bénéfiques. Le nombre 1 représente « unité » tandis que 9 représente la « longévité ». Dans les études des étoiles volantes en Feng Shui, les nombres 1 et 9 représentent des étoiles très favorables. Cependant, le nombre 999 n'est pas recommandé car il est trop yang.

Tous les nombres qui commencent par 1, 2, 3, 6 et 8, ou une combinaison de ces nombres, sembleront toujours chanceux. Par exemple, 128 ou encore 3261. Pour attirer la santé et la prospérité vous pouvez choisir un pair de nombres yin et de yang dans la même combinaison. Par exemple, 1238, 3261 ou encore 6613. Ces nombres sont considérés équilibrés et s'harmonisent entre eux.

Les Chinois essaient d'éviter le numéro 4, parce que le 4 a la même prononciation que le mot de la « mort » en cantonais. En calligraphie ancienne, le nombre 4 est écrit comme si le soleil est obscurci par le nuage. Il représente un jour nuageux et la malchance. Les Chinois n'aiment pas avoir une maison ou une voiture avec le numéro 4. Le seul cas où le nombre 4 est considéré propice est lorsqu'il est employé avec le 5 ou le 8, par exemple 54 ou encore 84.

Secret : Ceux qui ont une faible énergie, portant toujours les mêmes couleurs vestimentaires ternes et tristes, telles le noir et le gris, plus réceptifs aux maladies, notamment saisonnières, et aux accidents, devraient essayer les teintes plus vives comme le beige, le jaune, le vert ou encore le rose fuchsia pour améliorer leur sort et placer leur avenir sous de meilleures auspices.

La mythologie des quatre animaux

En Feng Shui, le principe des quatre animaux est primordial pour analyser l'environnement immédiat d'une maison. Vous pouvez imaginer votre maison comme un fauteuil. La maison doit avoir un soutien solide dans le dos : c'est l'emplacement de la tortue noire. Ensuite, à sa droite (vu de l'extérieur), il faut un bon accoudoir, c'est l'emplacement du Tigre blanc. De l'autre côté, l'accoudoir gauche est protégé par le Dragon vert. Devant la maison par contre, il faut de l'espace libre pour favoriser l'envol du Phoenix rouge.

Certains auteurs de livres portant sur le Feng Shui prétendent que le Dragon vert se trouve à droite de la maison (vue de l'extérieur). Cette information est erronée. En effet, ils se basent sur le Bagua Yin pour déterminer l'emplacement des quatre animaux. Le Bagua Yin est conçu pour l'emplacement des pièces tombales et non pour les vivants. Donc, pour l'aménagement des maisons, on doit utiliser le Bagua Yang où le Dragon vert se trouve à gauche.

Selon le principe des quatre animaux, une trop forte présence ou encore l'absence d'un de ces animaux crée un puissant déséquilibre énergétique pour les résidants de la maison.

De façon concrète, voyons ce que chacun des animaux représente et comment on peut intégrer ce principe à notre environnement d'aujourd'hui.

Le Dragon vert : Le Dragon signifie la prospérité. Il apporte la réussite dans les affaires et favorise l'abondance. Le Dragon est considéré comme le gardien des trésors : sa fougue, sa force et son allure lui confèrent un caractère yang. Donc, il doit être plus puissant et plus imposant que le tigre. Le flanc gauche de votre maison (vue de l'extérieur) peut être une grande montagne, un mur, une haie ou une maison voisine.

Prenons l'exemple suivant : vous avez un voisin dont la maison est située à la gauche de la vôtre. Sa maison doit être plus grande et plus imposante que celle de votre voisin à droite. Si le dragon est fort, vous êtes assuré d'avoir beaucoup de chance et d'abondance. Si le Dragon est absent à votre flanc gauche, la prospérité sera affectée. Vous pouvez activer le Dragon vert de votre propriété en plaçant un symbole de Dragon du côté gauche de la maison lorsque vous y entrez ou encore au secteur Est de votre demeure.

Le Tigre blanc : Le Tigre est un animal doué d'une force incroyable, mais il est aussi imprévisible. Le Tigre symbolise la protection. Le Tigre blanc, de tendance yin, doit être légèrement plus bas que le Dragon vert, et les deux flancs latéraux doivent être moins élevés que la Tortue noire. Donc, si vous désirez installer une haie à la droite de votre demeure, elle doit être plus basse que celle de la gauche. Pour activer le Tigre, il n'est pas recommandé de placer des représentations de Tigre dans la maison car vous risquerez de fréquentes disputes.

La Tortue noire : la Tortue noire représente la protection et la chance. L'arrière de la maison doit s'appuyer sur quelque chose de solide. Donc, la partie de terrain située à l'arrière doit être plus élevée que celle qui se trouve devant la maison. Une rangée d'arbre, une montagne, une haie, une palissade, une colline ou encore une autre bâtisse peut représenter la Tortue noire. Si vous en avez la possibilité, élevez une butte qui stimulera le dos de la Tortue. Pour activer la Tortue noire, vous pouvez placer une figurine de tortue dans la partie arrière de votre maison ou au Nord de votre propriété.

Le Phoenix rouge : le Phoenix rouge se trouve dans la partie située à l'avant de la maison. Il symbolise l'avenir, les projets et les occasions qui procurent un confort matériel. Donc, cet espace doit être dégagé le plus possible pour faciliter l'envol du Phoenix. Si le devant de la maison est bloqué par une montagne, une colline ou une grande bâtisse, vos projets risquent d'être bloqués et le succès sera difficile à obtenir. Vous pouvez activer symboliquement le Phoenix en plaçant devant votre demeure un oiseau décoratif ou encore un flamand rose. Sinon, un coq rouge au secteur Sud de votre demeure.

Secret : Si votre salle de bain ou les toilettes se trouvent à l'Est de votre demeure, l'énergie négative de ces pièces aura des effets néfastes sur le destin de votre fils. Si vous êtes sans enfant, vous aurez du mal à concevoir un garçon. Et si vous avez déjà des garçons, ils risquent d'être rebelles et de vous causer des ennuis. Pour neutraliser les sha chi, je vous recommande d'y placer un carillon à 5 tubes en métal. Évitez les plantes vertes ou des objets de décoration en bois à cet endroit.

Vivre près des institutions

Notre environnement exerce sur nous un impact psychologique. Tout ce que nous voyons, entendons ou sentons produit une impression. Il sera donc important de choisir une demeure dont l'environnement est agréable mais aussi entourée par des bâtisses qui dégagent de bonnes énergies et non des mauvaises. L'énergie entre principalement par la porte d'entrée de votre demeure. Voici la liste des institutions que vous ne devriez pas voir de votre porte principale. Si ces institutions se trouvent en arrière de votre maison, l'impact négatif est moins important.

- Église ou temple religieux: vous risquez d'avoir de la malchance et de fréquents accidents;
- Station de police : vos enfants risquent de devenir délinquants;
- Caserne de pompier : vous vivrez souvent des situations d'urgence;
- Hôpital et centre de convalescence : vous êtes souvent malades et le risque de dépression est élevé;
- Salon funéraire : vous avez tendance de vous intérioriser et d'être souvent pessimiste;
- Cimetière : vous manquez d'énergie et vous aurez de la difficulté à évacuer vos émotions. Votre santé sera fragile.

Secret : Lorsque votre maison est en désordre, cela peut signifier que vous avez beaucoup de difficulté à lâcher prise. Si votre garde robe est toujours plein et encombrant de toute sorte d'objets, cela peut indiquer que vous ne voyez pas clairement les problèmes de votre vie et il vous sera difficile de trouver les solutions appropriées.

L'énergie de vos précédents occupants

Si vous vivez une expérience déplaisante ou vous ressentez des émotions étranges dans votre nouvelle résidence, cela peut avoir un lien avec les précédents occupants de votre appartement ou de votre logement.

En effet, les énergies qui ont conditionné le mode de vie des prédécesseurs peuvent avoir les mêmes effets sur vous. Par exemple, si les habitants précédents avaient souvent des disputes et des conflits, vous risquez de vous retrouver dans la même situation après un certain temps.

S'il y a eu un décès suite à une maladie ou encore un suicide dans la demeure que vous désirez habiter, les énergies négatives seront beaucoup plus lourdes et pesantes. Elles seront ancrées dans les murs, les meubles, le plancher. Pour cette raison, je ne recommande pas à mes clients d'acheter les meubles ou les objets appartenant aux précédents occupants.

Donc, il serait sage de se renseigner sur le passé de la maison avant d'envisager d'y emménager. Demandez-vous pourquoi les occupants précédents sont partis. Comment vivaient les gens dans cette maison?

D'ailleurs, ceci s'applique aussi aux antiquités. Malgré que les antiquités ajoutent une belle touche de décoration dans votre demeure, elles contiennent des énergies perturbantes de leurs anciens propriétaires. Si vous tenez à les conserver, je vous suggère de les purifier avec l'encens « La sauge » ou de les exposer au moins cinq heures au soleil.

Donc, je recommande fortement une purification d'espace de votre demeure avant que vous décidiez de vous y installer. En faisant ainsi, vous nettoierez les anciennes énergies nocives et vous les remplacerez par de nouvelles énergies plus positives et plus saines. Pour une purification efficace, faites appel à un praticien de Feng Shui ayant des connaissances approfondies dans ce domaine.

Les cérémonies de purification que j'offre à mes clients sont souvent recommandées dans les cas suivants :

- Avant de construire une nouvelle maison;
- Avant de déménager dans une nouvelle demeure;
- Après des événements moins heureux : conflits, accidents;
- Après un divorce, les maladies ou décès;
- Pour célébrer un événement important : naissance d'un bébé, mariage;
- Pour bénir le démarrage d'une nouvelle entreprise;
- Pour chasser la présence des mauvaises entités et assainir l'énergie.

Secret : Lorsque vous désirez purifier votre corps ou redonner à votre corps une nouvelle énergie, vous pouvez utiliser un bain de purification. Ajoutez quelques cuillerées de sel de bain dans le bain et aussi quelques gouttes d'eucalyptus. Vous pouvez remplacer l'eucalyptus par la Rosemarie.

La porte d'entrée : la bouche du Chi

En Feng Shui, la porte d'entrée principale est considérée comme la bouche du Chi. Selon sa disposition, ses dimensions, son axe d'ouverture, elle ouvre vers l'avenir, le bonheur, la chance ou encore induit une atmosphère d'intimité.

La porte d'entrée détermine la quantité et la qualité d'énergie qui entre dans votre demeure. Une entrée et des abords simples, spacieux et ouverts laissent pénétrer librement la prospérité et la vitalité. Inversement, des abords compliqués ou difficiles peuvent avoir des effets déplaisants sur différents aspects de votre vie. Il est aussi très important que la porte d'entrée principale ainsi que le numéro civique de votre demeure soient visibles de la rue.

Voici les règles de l'art concernant la porte d'entrée principale :

- L'état de la porte doit être impeccable. Une porte en piètre état n'attire que les mauvaises énergies;

- Veillez à ce qu'aucune flèche empoisonnée se dirige directement vers la porte : des poteaux électriques, un gros arbre ou encore le toit pointu de la maison de votre voisin d'en face;

- Évitez que la porte se trouve en face d'une route. Cette position vous causera une grande perte de richesse ainsi que de la malchance;

Les portes doivent être proportionnées par rapport aux pièces. Une porte trop grande engage le Chi de façon trop rapide, ce qui déstabilisera les occupants;

- La porte doit pouvoir s'ouvrir et se fermer avec facilité;

- Un escalier intérieur ne doit pas faire face à la porte. Résultat : l'argent dégringole et s'échappe de la maison;

- La porte ne doit pas faire face à une porte de la salle de bain ou des toilettes : risque de pertes financières et de maladies graves;

- La porte d'entrée principale doit être plus grande que la porte de l'arrière;

- La porte doit s'ouvrir sur un grand espace par exemple le salon et non sur un mur ou un miroir;

- Le chemin qui mène à la porte doit être sinueux et ne doit pas être obstrué par des poubelles, des bicyclettes ou des jouets;

- La porte d'entrée ne doit pas être en retrait par rapport à la façade. Cette disposition réduit le nombre des opportunités en carrière;

- La porte doit s'ouvrir vers l'intérieur et non vers l'extérieur si vous désirez garder le Chi dans la demeure;

Secret : Au travail, si vous avez des confrères ou consœurs qui essaient de comploter pour vous nuire, voici une technique facile pour neutraliser leurs mauvaises intentions. Achetez un petit miroir et apportez-le au bureau. Promenez-vous devant la pièce où ils se réunissent et dirigez la surface réfléchissante du miroir vers la pièce de telle sorte que vous voyiez dans le miroir la pièce ainsi que les personnes en question. Par la suite, vous exposez le miroir directement au soleil. Toutes leurs mauvaises intentions se volatiliseront.

Votre maison est-elle compatible avec vous?

Lorsque vous demeurez dans une maison qui vous est compatible, vous vous y sentez bien et vous serez chanceux. En Feng Shui, les individus sont divisés en deux groupes : Est et Ouest. Si votre chiffre Kua est 1, 3, 4 et 9, (référez-vous à la page 31 pour connaître votre chiffre Kua) vous faites partie du **groupe Est**. Si votre chiffre Kua est 2, 6, 7 et 8, vous faites partie du **groupe Ouest**.

Donc, si vous êtes une personne du groupe Est, choisissez les maisons du groupe Est et si vous êtes du groupe Ouest, choisissez les maisons du groupe Ouest. Comment déterminer le groupe de la maison? C'est simple, en connaissant la direction de la façade de votre demeure, vous connaîtrez la direction de l'arrière. C'est l'arrière qui détermine le groupe de votre maison.

MAISON DU GROUPE EST :

Lorsque la direction de l'arrière de la maison est : sud-est, est, nord et sud.

MAISON DU GROUPE OUEST :

Lorsque la direction de l'arrière de la maison est : nord-ouest, ouest, sud-ouest et nord-est.

Secret : *Les plafonds à plusieurs niveaux, en pente ou irréguliers peuvent causer des hallucinations, de l'instabilité mentale et susciter des opinions divergentes chez les résidents.*

Choisir le bon terrain pour votre maison

En Feng Shui, la forme est l'un des facteurs qui a le plus d'influence. Les formes à prendre en considération sont celles de la forme du terrain et de la maison, la vue en élévation de la maison (vue de côté) et la topographie du terrain. Les formes et les dimensions du terrain et de la maison définissent les limites de votre espace et déterminent plusieurs caractéristiques de Feng Shui.

Les formes dans lesquelles vous habitez modèlent vos actes, vos sentiments et le chemin que vous suivez. Elles agissent directement sur la circulation de l'énergie et en permanence sur le subconscient.

Les formes régulières sont les plus favorables pour les maisons. Pour les terrains, ce sont les carrés, les rectangles et les octogones. Les formes déséquilibrées posent un problème, non quand on les regarde, mais surtout lorsqu'on vit dedans.

Voici les formes de terrain qui sont **BÉNÉFIQUES** :

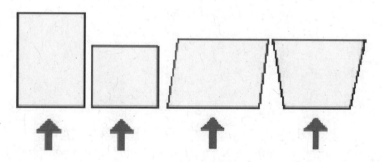

FAÇADE DU TERRAIN

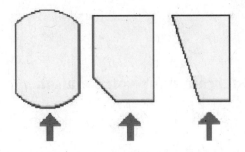

FAÇADE DU TERRAIN

Voici les formes de terrain qui sont **PEU BÉNÉFIQUES :**

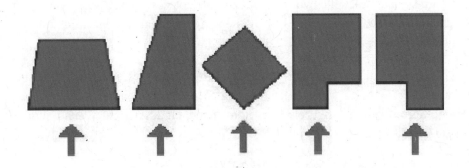

FAÇADE DU TERRAIN

Secret : Les foyers sont toujours populaires dans les maisons. Cependant, leur emplacement doit être choisi avec soin. Les emplacements recommandés pour un foyer sont : sud, sud-ouest et nord-est. Il n'est pas recommandé de placer le foyer au nord, nord-ouest, est et ouest. Je vous recommande de placer à côté du foyer et sur son manteau des plantes vertes ou encore un miroir au dessus de la cheminée pour contrebalancer le chi du feu.

Emplacement bénéfique de la maison

L'emplacement de la maison sur le terrain influence grandement la destinée des habitants. Voici les emplacements favorables et moins favorables pour une maison :

Bénéfique : la maison se trouve au centre du terrain ou encore dans le deuxième tiers d'un terrain de forme régulière et symétrique. Cette position apporte l'équilibre et la bonne fortune aux résidants.

Peu Bénéfique : la maison se trouve dans le premier tiers du terrain. Tout d'abord, elle est trop près de la rue. Malgré que cet emplacement vous permette de cumuler la richesse par la profondeur du terrain, les résidants auront de la difficulté à réussir leurs projets. Ils doivent souvent les recommencer.

Peu bénéfique : la maison se trouve dans le dernier tiers du terrain. Elle est trop éloignée de la rue et risque de provoquer un manque d'énergie. Une maison dans cette position peut causer des problèmes financiers aux occupants. La prospérité aura de la difficulté à y rester.

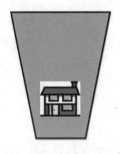

Peu bénéfique : L'énergie a de la difficulté à y pénétrer car l'entrée du terrain est rétrécie. Cependant, les occupants peuvent espérer avoir de l'abondance.

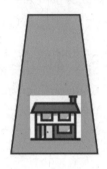

Peu bénéfique : Le Chi n'a pas de difficulté à y entrer mais aura de la difficulté d'y rester. Risque d'avoir de graves problèmes financiers.

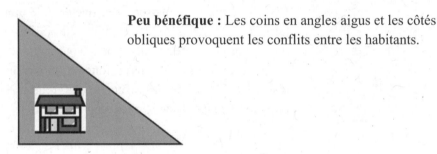

Peu bénéfique : Les coins en angles aigus et les côtés obliques provoquent les conflits entre les habitants.

***Secret** : Les piliers décoratifs en pierre dans l'appartement peuvent être source d'énergie destructrice. Surtout lorsqu'ils sont positionnés directement en face d'une porte d'entrée. Les piliers carrés sont plus dangereux que les piliers ronds puisque leurs bords pointus engendrent le Sha chi, le chi tueur. Je vous recommande de les recouvrir avec des miroirs.*

Chapitre 5
La maison et son intérieur

SECRET 28

Choix des matériaux

Les matériaux qui entrent dans le mobilier et le décor de votre maison affectent la nature du Chi. La relation entre l'énergie inhérente à chaque matériau et celle qui règne dans les différentes pièces de votre logement peut augmenter le Chi ou au contraire l'atténuer. Par exemple, les matériaux de métal renforcent le chi des pièces situées au nord-ouest, ouest; ils dynamiseront le Chi du nord et diminueront le Chi de sud-ouest et nord-est.

Voici les matériaux que je vous recommande pour chacun des secteurs :

Secteur **EST** : bois, verre, osier, bambou;
Secteur **SUD** : bois, osier, rotin, bambou, cuir;
Secteur **NORD** : verre, métal, marbre, granite;
Secteur **OUEST** : métal, céramique, porcelaine, terre cuite, granite, marbre, argile;
Secteur **NORD-EST** : terre cuite, céramique, cuir, argile;
Secteur **SUD-EST** : bois, bambou, osier, rotin, verre;
Secteur **SUD-OUEST** : céramique, terre cuite, cuir, porcelaine, argile;
Secteur **NORD-OUEST** : marbre, granite, métal, terre cuite, céramique, porcelaine, argile;

Secret : Les décharges publiques et les stations d'épuration doivent être situées à au moins 10 kilomètres de votre résidence. Sinon, vous risquerez d'avoir des problèmes de santé et vous serez incommodé par les odeurs désagréables. D'ailleurs, il faut compter 10 à 20 ans pour que les ordures et le remblaiement se tassent. La décomposition des ordures peut dégager des gaz toxiques et nuit beaucoup à la santé.

Les fenêtres : les bonnes et les mauvaises

En Feng Shui, la vue extérieure de vos fenêtres influence fortement votre psyché, votre énergie et vos activités quotidiennes. Ce que vous voyez par la fenêtre est une bonne métaphore de votre relation avec le monde extérieur.

Voici certaines règles Feng Shui concernant les fenêtres :

- Toutes fenêtres devraient vous permettre une ouverture maximale afin d'allouer une plus grande quantité d'énergie dans votre demeure;

• Les fenêtres doivent donner sur un paysage agréable. Si elles donnent sur un immeuble de grande taille, la lumière risque d'être bloquée. La taille de l'immeuble représente une flèche empoisonnée. S'il s'agit de votre chambre à coucher, vous aurez du mal à trouver le sommeil et vous risquez d'avoir des problèmes de santé;

• Il faut se rappeler que le nombre de fenêtres par rapport aux portes ne doit pas excéder trois (3) à un (1). Alors, si vous avez six portes dans la maison, vous ne devriez pas avoir plus de dix huit fenêtres. Si non, le Chi a tendance à s'enfuir de votre maison;

• Il faut éviter d'avoir trop d'arbres près des fenêtres, surtout pour la chambre de vos enfants, car les feuillages risquent de bloquer l'énergie vitale dont ils ont besoin ;

• Les fenêtres mansardées, situées trop près du sol ne sont pas recommandées car elles donnent une sensation d'instabilité;

- Dans une salle à manger, un trop grand nombre de fenêtres n'est pas recommandé, car dans cette situation, vous aurez de la difficulté à rassembler l'énergie autour de la table;

- Évitez de placer deux fenêtres l'une en face de l'autre ou en face d'une porte. Le Chi aura de la difficulté à demeurer dans la pièce;

- Lorsque vous habitez sur une rue passante, habillez vos fenêtres avec des rideaux épais pour réduire le bruit;

- Il est recommandé d'avoir des fenêtres dans vos salles de bain pour créer une belle ambiance dans la pièce et en même temps réduire l'humidité;

- Au niveau d'habillage des fenêtres, les rideaux vous permettent de créer un sentiment d'intimité et une atmosphère douillette dans la pièce, mais risquent de créer une stagnation d'énergie dans les pièces plus petites. Évitez les rideaux épais dans la salle à manger car le Chi ralentira et affectera la qualité de nourriture consommée. Adoptez plutôt les voilages. Les stores à lamelles suspendus semblent augmenter la hauteur des plafonds et créent une atmosphère plus yang, plus stimulante. Les stores vénitiens sont plutôt conçus pour les petites fenêtres. La forme horizontale des lamelles crée une atmosphère plus calme;

Secret : Les antennes paraboliques émettent une grande somme de fréquences énergétiques très nuisibles pour la santé. Pour être en sécurité, les antennes doivent être placées au moins douze mètres de distance de la maison. Ne jamais placer des antennes près des fenêtres de votre chambre à coucher ou de votre salle à dîner.

Les escaliers qui tuent

Les escaliers servent au déplacement du chi et des personnes. Ils relient aussi différents niveaux d'une même structure. Selon leur disposition, l'énergie qu'ils véhiculent peut alimenter les étages qu'ils relient ou empêcher la circulation de l'énergie entre les étages. En Feng Shui, les escaliers doivent faciliter le parcours du Chi vers les étages supérieurs.

Si les escaliers sont étroits et peu engageants, ils empêchent une bonne circulation de l'énergie sur les différents étages. Pour activer le flux du Chi, ils doivent être larges, beaux et éclairés.

Voici quelques règles concernant les escaliers :

- Une porte située directement en face d'un escalier est à éviter, sinon la plus grande partie du Chi nourricier se dirigera à l'étage ou au sous-sol. Les autres étages n'ont donc que très peu de Chi à leurs dispositions;

- Évitez le plus possible d'installer l'escalier au centre de la demeure. Cette position déstabilise le cœur de la maison et causera de graves problèmes de santé aux résidents;

- Évitez d'utiliser des escaliers en colimaçon étroits qui affaiblissent l'énergie; ce type d'escalier est la source de nombreux problèmes. Leur énergie s'enfonce dans le sol entrainant avec elle le chi et ses bienfaits. Cette spirale énergétique affecte la pièce et la surface vitale où se situe l'escalier. Leur influx négatif peut être atténué par des plantes vertes ou un bon éclairage. Vous pouvez aussi suspendre une sphère de cristal en haut de l'escalier pour attirer l'énergie vers le haut;

-Il est toujours recommandé de poser les escaliers avec les contremarches. Cela empêche des fuites d'énergie entre les marches et vous évite ainsi des problèmes financiers;

-Dégagez les escaliers de tout ce qui traîne : les marches ne peuvent en aucun cas servir de rangement, même provisoire;

-Éclairez vos escaliers : ne laissez pas certains endroits dans la pénombre : cela réveille des peurs ancestrales et incite à la perte d'équilibre;

-Évitez des escaliers dépourvus de rampe ou dont la rampe est cassée. Ces escaliers peuvent rendre votre vie instable.

Secret : Les salles de bain situées au mauvais endroit sont souvent nuisibles et causent une stagnation de l'énergie. Pour corriger la situation, placez sur la porte de la salle de bain, à la hauteur des yeux, quelque chose qui reflète et qui pousse le mauvais Chi de la salle de bain vers l'arrière, comme un miroir, une plaque en laiton, un cadre ou une image de ton rouge. Vous pouvez y placer un carillon à cinq tubes en métal pour neutraliser le Chi stagnant de la salle de bain.

La salle de séjour

Le salon est généralement la plus grande pièce de la maison et, justement à cause de son importance, il doit être harmonieux et agréable à vivre. Il représente la façon de se mettre en rapport avec les autres. Le salon représente souvent votre vie sociale et votre relation avec vos amis et vos connaissances. C'est donc la pièce de la maison qu'il faut avant tout énergisée pour améliorer la situation professionnelle, la réputation et la réussite.

Le salon est aussi considéré comme l'espace d'activités de la famille et a donc une qualité yang. L'énergie entre dans la demeure et traverse le salon avant de se répandre partout dans la maison. Donc, le salon doit être spacieux, éclairé et se trouver le plus près possible de l'entrée ou encore de la chambre à coucher. Les secteurs recommandés pour le salon sont : est, sud, sud-est et sud-ouest.

Quelques conseils de base :

- Il est préférable que le salon ait la forme la plus régulière possible, de façon à éviter les angles et les coins de stagnation de l'énergie. Les formes rectangles ou carrés sont les plus équilibrées.

- Le salon ne doit pas être la pièce la plus vaste ni la plus petite de la maison. Il est préférable qu'il se trouve dans la partie avant de la maison.

- Placez vos canapés et votre fauteuil contre un mur solide si possible. L'absence d'un mur derrière soi donne une sensation d'insécurité et d'instabilité.

- La disposition de vos fauteuils et canapés doit permettre aux personnes assises de voir qui pénètre dans la pièce et ce sans avoir à tourner la tête.

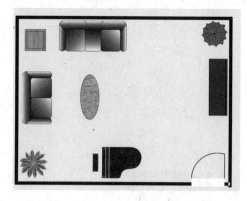

Position idéale des sofas

- Le téléviseur ne doit pas être vu en premier lorsque vous entrez au salon. Cela nuit beaucoup à la communication;

- Il ne doit pas y avoir trop de fenêtres. La proportion des fenêtres par rapport aux portes ne doit pas excéder 3 :1. S'il y a trop de fenêtre, il est conseillé de poser des rideaux ou des stores pour cacher leur présence;

- Il ne doit pas avoir trop de portes. S'il y a plus d'une porte, il est recommandé d'en laisser quelques unes fermées pour empêcher la fuite d'énergie;

- Évitez de mettre trop de meubles dans le salon. Un encombrement de la pièce empêche la circulation du Chi et peut causer la stagnation dans votre vie;

- Pour la décoration, préférez des tableaux représentant des paysages permettant d'unifier l'équilibre du Yin et Yang. Des plantes vertes, surtout des fougères, sont recommandées au salon.

Secret : Il faut toujours meubler les coins des pièces importantes comme la chambre à coucher, le salon et la salle à dîner, avec un meuble, une plante ou un objet de décoration. Les coins représentent des angles saillants considérés comme des flèches empoisonnées ou des lames menaçantes. Il en résulte un sentiment d'anxiété qui se manifeste par des terribles maux de tête et des malaises reliés au cœur.

SECRET 32

La salle à dîner

La salle à dîner a un lien avec votre carrière et aussi avec votre relation familiale. Les demeures les plus bénéfiques sont celles qui ont au moins trois pièces dont le milieu servira de salle à dîner.

Évitez de placer votre salle à dîner sous une poutre, car vous asseoir en dessous d'une poutre risque de vous causer des maux de tête. Votre carrière peut aussi souffrir de la pression de la poutre.

Il sera aussi néfaste d'avoir une salle de bain juste au dessus de la salle à dîner, car l'énergie usée de la salle de bain affectera la qualité des nutriments de votre nourriture. Cette position nuira beaucoup à votre santé et à la chance de la maisonnée. D'ailleurs, il n'est pas souhaitable que les toilettes soient situées directement à côté de la salle à manger.

Pour les tables à dîner, plus elles sont grandes, plus elles rayonnent de force et d'énergie, ce qui est favorable pour le développement de la carrière. Le forme ronde est considérée comme étant la plus favorable car elles représentent l'élément ciel. Cependant, les formes carrées ou rectangulaires sont aussi bénéfiques. Cependant, évitez d'installer des convives aux angles, d'où découle un sha négatif. Il est également important de placer la table sous un éclairage équilibré et au centre de la pièce. Préférez des lumières vers le bas si vous désirez créer un environnement calme et relaxant. Choisissez des lumières vers le haut si vous préférez un environnement plus animé et stimulant.

En ce qui a trait aux chaises, elles doivent avoir de belles lignes mais surtout être confortables, pour que les convives aient envie de s'attarder et de bavarder autour des mets et des boissons. Placez, si possible, un nombre pair de chaises autour de la table (quatre, six ou huit). Les hauts dossiers apportent un soutien. Idéalement, les chaises doivent être rembourrées et dépourvues d'accoudoirs. Pour augmenter l'énergie yang (plus stimulant), choisissez des chaises en bois ou en métal; pour plus d'énergie yin (plus reposant), choisissez des chaises en bois plus tendres.

D'autre part, il est déconseillé d'avoir vue sur le fourneau de la cuisine lorsque vous êtes à table, car cela est malsain tant pour votre santé que pour vos finances.

Pour décorer cette pièce, je vous recommande des tableaux représentant la nourriture, les fruits appétissants ou tout ce qui suggère une table bien mise.

Il ne faut pas y installer des images représentant la tristesse, la solitude, le désert. L'énergie doit bien circuler dans cette pièce. Il est donc conseillé de ne pas placer les tapis ou carpettes dans la salle à dîner car ils risquent de ralentir l'énergie. Il sera très bénéfique de placer un Bouddha rieur dans votre salle à dîner car il représente l'abondance et la joie.

Secret : Le plafond idéal d'une chambre à coucher est uniforme dans toute la pièce, ni trop haut, ni trop bas, et sans poutre. Une poutre dans le sens et sur toute la longueur du lit peut exercer une pression inopportune sur tout le corps. Cela peut vous causer de sérieux problèmes de santé et risque de provoquer la séparation de votre couple.

La chambre à coucher

Il est important que le corps et l'esprit puissent se régénérer après une longue journée de travail. Un repos complet et un sommeil profond assurent aux cellules le temps qu'il faut pour se renouveler, guérir et croître. Dans ce contexte, la chambre à coucher est une des pièces maîtresses de la maison. Le Feng Shui de la chambre principale, c'est-à-dire celle qui est occupée par le père et la mère de la famille ou par le couple, est d'un effet considérable sur l'harmonie de la maisonnée, sur son bien-être et sur les finances de la famille.

Dans la mesure du possible, n'utilisez pas votre chambre pour des activités diverses, n'y installez pas votre bureau, par exemple. Votre sommeil comme votre travail en souffriraient.

Emplacement de la chambre

L'emplacement de la chambre est important : il doit être éloigné au maximum de nuisances diverses. Pour cette raison la chambre ne peut être contiguë à une cuisine, des toilettes ou une salle de bains. Un lit placé contre un mur dans lequel passe des tuyaux, qu'ils soient pour l'eau ou le chauffage, altère à moyen terme la santé du dormeur. Pour remédier à la situation, placez un carillon à cinq tubes en métal ou encore une armoire ou un commode à cet endroit.

Il est préférable que la chambre soit située dans la partie arrière de la maison ou au deuxième étage. Évitez que votre chambre soit située au dessus d'un garage car vous dormirez au dessus d'un vide qui risque de créer chez vous un sentiment d'insécurité et en plus l'énergie polluante du garage affectera sérieusement votre santé.

Si tel est le cas, suspendez un cristal rond au centre du plafond de votre chambre pour épurer l'énergie nocive. Utilisez des lampes avec l'éclairage qui se dirige vers le bas et un lampadaire sur pied pour repousser l'énergie vers le bas. Ensuite, placez le symbole du Yin et Yang, au sol et si possible au centre de la pièce.

D'ailleurs, il ne faut pas localiser la chambre :

• À côté, en face, en dessous ou au dessus de la cuisine : les rayons des appareils ménagers causent des ennuis de santé;
• À moins de 70 mètres d'une ligne de chemin de fer qui émet de fortes vibrations et des champs de perturbations électromagnétiques;
• Au dessus d'un bar ou d'une discothèque : l'énergie sonore se déplace vers les étages supérieurs et perturbe le sommeil. Un bruit permanent cause de graves problèmes de santé;
• Au voisinage d'un lieu de décharge publique ou d'une usine d'épuration : les mauvaises odeurs et les déchets en décomposition sont très nuisibles à la santé;
• Au fond d'un couloir : l'énergie circule trop rapidement et cela peut causer des troubles de sommeil et une augmentation de la nervosité;
• En face d'un escalier : vous aurez de la difficulté à avoir un sommeil réparateur et de l'harmonie dans la pièce;
• En face d'une salle de bain ou d'une toilette : l'énergie de l'eau usée de la salle de bain entre directement dans votre chambre et vous cause des problèmes de santé. Essayez de fermer toujours la porte de la salle de bain.

Position du lit

L'orientation inadéquate du lit peut être néfaste à la vie d'un individu dans tous ses aspects, son sommeil, sa vie familiale et même ses relations sexuelles. Voici les règles à suivre :

- Selon, votre chiffre Kua (voir page 31), voici les directions bénéfiques pour placer votre lit;
  Si votre chiffre Kua est 1, 3, 4, 9, dirigez la tête de lit vers une des quatre bonnes directions suivantes : est, sud, nord et sud-est;
  Si votre chiffre Kua est 2, 6, 7, 8, dirigez la tête de lit vers une des quatre bonnes directions suivantes : nord-est, sud-ouest, ouest et nord-ouest;
- Le lit doit être placé pour que vous puissiez voir qui entre dans la pièce sans avoir besoin de tourner la tête.

Voici les positions favorables pour le lit :

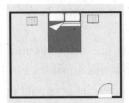 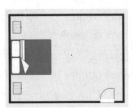

Voici les positions peu favorables pour le lit :

L'énergie entre et attaque le corps. Cela nuit beaucoup à votre sommeil et votre santé.

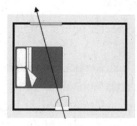

L'énergie se trouve en face de la fenêtre et cela fait sortir le Chi aussi vite. Les personnes qui couchent dans cette pièce n'ont pas assez de Chi et de vitalité.

La position du lit ne permet pas à la personne couchée de voir qui entre dans la pièce. Donc, cela peut créer un sentiment d'insécurité chez elle. Placez un miroir sur pied au coin gauche opposé du lit pour corriger la situation.

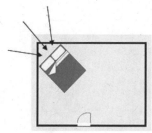

L'énergie du coin du mur attaque la personne dormant. Il est recommandé d'y placer un meuble pour remédier la situation.

Et voici d'autres règles à respecter pour l'emplacement du lit :

1. Ne pas mettre le lit juste en dessous d'une poutre;
2. Ne pas placer un lit face à un angle saillant;
3. Ne placez aucun miroir directement en face du lit; .
4. Le lit doit s'appuyer sur un mur solide.

Secret : *Si vous conservez encore les bijoux qui vous rappellent les mauvais souvenirs d'anciens amoureux, placez-les tout simplement dans une boîte et entourez la avec un fil rouge pour vous protéger contre les mauvaises énergies du passé.*

Le lit et le matelas

Le matériau idéal pour un cadre de lit est le bois, car il ne déforme pas le champ magnétique local, au contraire d'un cadre métallique contenant du fer. Le bois est moins dur que le métal et il apporte à votre champ énergétique une énergie calme et yin.

Un lit à baldaquin confine l'énergie qui l'entoure et s'avère particulièrement utile si vous dormez dans une grande pièce, où l'énergie se déplace facilement et rapidement. Les tentures entourant le lit augmentent l'efficacité lorsqu'il s'agit de confiner l'énergie. Évitez tous les cadres de lit en métal, couvertures électriques et matériaux synthétiques. Il est important de se rappeler qu'il doit y avoir de l'espace entre le lit et le plancher pour que l'énergie puisse y circuler. Il faut éviter de placer trop d'objets en dessous du lit. Il ne faut jamais coucher sur un matelas qui est posé directement sur le sol, car vous risqueriez d'avoir de sérieux problèmes de santé.

Pour le matelas, choisissez-en un fabriqué avec des matériaux naturels. Si vous êtes nouvellement mariés, procurez-vous un matelas neuf. Évitez de vous coucher sur des vieux matelas liés à vos anciennes amours et ruptures. Pour les chambres d'enfant, il ne faut pas que les lits de vos enfants soient trop petits, ce qui nuit à leur croissance physique et émotionnelle, ainsi qu'à leur succès scolaire. Bien que les lits superposés vous permettent d'économiser de l'espace, ils ne sont pas recommandés puisqu'ils peuvent provoquer la dépression et des troubles de la personnalité, surtout pour l'enfant dormant dans le lit du niveau inférieur.

Secret : Vous désirez développer l'intelligence de vos enfants? Placez une lumière au secteur Ouest de leur chambre. Et pour activer leur concentration et leurs capacités mentales, suspendez un carillon au dessus de la tête de lit.

La cuisine

La cuisine est l'endroit où l'on prépare physiquement la nourriture et en élaborons l'énergie. La nourriture est un symbole universel de santé et de renforcement. Les chinois établissent une relation supplémentaire en disant que la nourriture est liée à l'abondance et à l'argent. La cuisinière est considérée comme génératrice d'énergie. Pour cette raison, le praticien de Feng Shui accorde une attention particulière à l'emplacement du fourneau.

La cuisine doit avant tout être dans un état de propreté impeccable : le réfrigérateur doit être exempt des produits périmés ou pire encore, moisis. La cuisinière doit être luisante et propre pour accueillir les prochaines préparations.

La position de la personne qui fait la cuisine est extrêmement importante. En effet, sa position détermine la qualité du chi trouvé dans les aliments. De façon idéale, la personne doit voir qui entre dans la cuisine lorsqu'elle fait la cuisine.

Elle n'a pas à se retourner pour voir qui s'en approche. La personne qui cuisine doit se sentir en sécurité lorsqu'elle travaille. En plus, cette position empêche l'énergie de s'attaquer au cuisinier.

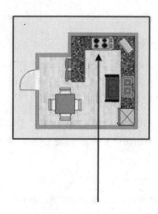

Mauvaise position du fourneau
La cuisinière a le dos face à l'entrée

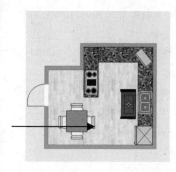

Bonne position du fourneau
La cuisinière voit qui entre dans la pièce

Si vous ne pouvez pas installer le fourneau tel que recommandé, voici les remèdes que je vous suggère :

- Placez un carillon à 5 tubes au plafond entre la porte et la cuisinière;
- Placez un miroir aussi large que le fourneau, allant de la surface du fourneau jusqu'à la hotte.

D'autres facteurs sont à considérer pour la cuisine :

- On ne doit pas apercevoir le fourneau à partir de l'entrée de la maison. Si c'est le cas, vous risquez d'avoir de sérieux problèmes financiers et de santé. En plus, vous risquez d'avoir des problèmes de poids. Le remède est de placer un rideau ou un paravent séparant visuellement le fourneau et la porte d'entrée;
- La cuisine ne doit pas avoir plusieurs entrées, car une énergie excessive peut créer le chaos et la confusion. Le remède est de suspendre une sphère de cristal au centre de la cuisine;
- S'il y a un accès direct à partir du garage vers la cuisine, évitez si possible d'entrer dans la cuisine à partir du garage. Les émanations nocives du garage entrent dans la nourriture et dans votre corps. Le remède est de suspendre horizontalement une flute de bambou au dessus de l'embrassure de la porte (du côté intérieur de la maison);
- Ne pas placer le fourneau au dessous d'une fenêtre. Cette position peut vous causer des problèmes familiaux, des ennuis de santé ainsi que des problèmes légaux;
- La cuisinière ne doit pas être placée en face d'un évier, d'un réfrigérateur ou encore d'un lave vaisselle, car il peut se produire un conflit énergétique entre l'élément de feu et celui de l'eau. La plus mauvaise disposition concerne le voisinage immédiat de la cuisinière et de l'évier. Pour remédier à la situation, placez une plante verte ou une planche en bois entre les deux éléments.

Secret : Le centre de votre maison est un lieu crucial d'où partent tous les échanges. Il draine les émotions et événements. Si vous passez par des périodes de grande tension, d'énergie intense, prenez soin de cet endroit : vous pourrez recentrer vos idées, enlever la panique qui vous assaille et prendre ainsi les bonnes décisions. Il ne faut pas encombrer le centre de votre maison avec de gros meubles. Laissez-le libre. Évitez d'y placer trop de plantes ou des meubles en bois. Privilégiez des vases ou objets en céramique ou en terre cuite. Adoptez les couleurs rouge, orange ou jaune dans ce secteur.

La salle de bain

La salle de bain est un havre de paix qui permet d'oublier toutes les tensions de la vie quotidienne. Les huiles, les sels de bain, les bougies, contribuent à créer cette atmosphère de détente. La plupart du temps, il n'est pas toujours possible de choisir l'emplacement de la salle de bain et il faudra donc tirer le meilleur parti d'une orientation favorable afin de compenser pour les aspects négatifs. La salle de bain est souvent la pièce la plus humide de la maison, la plus yin; il faut donc qu'elle soit bien ventilée pour bénéficier d'une atmosphère saine et empêcher toute énergie stagnante de s'y accumuler. La salle de bain est la pièce réservée à la propreté et aussi à l'élimination. En effet, cet espace est consacré au nettoyage du corps, à sa purification et au repos. Donc, elle a une connotation de malpropreté. Ensuite, elle possède plusieurs systèmes d'élimination, à commencer par des toilettes.

Donc, il est important de conserver la salle de bain propre et sans désordre. La salle de bain doit présenter un aspect agréable et non un fouillis qui diminue le tonus. Ensuite, on doit empêcher la salle de bains d'éliminer l'énergie vitale qui circule dans la maison.

L'emplacement de la salle bain peut avoir des conséquences très néfastes pour les résidants. Voici les localisations à éviter :

1) Près de la porte d'entrée principale :

Le Chi entrant par la porte d'entrée est drainé en partie par la salle de bain si elle se trouve près de la porte d'entrée. Ensuite, les mauvaises énergies en sortent et se propagent partout dans la maison.

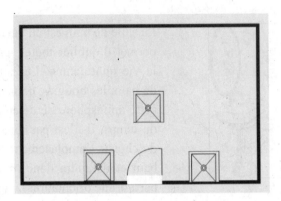

Les trois mauvais emplacements des salles de bain ou des toilettes

Ces dispositions vous causeront des problèmes de toute sorte.

1) Salle de bain au centre de la maison :
Le centre de la maison est le cœur de votre habitation. C'est le secteur le plus important de votre demeure et c'est le pire emplacement pour votre salle de bain.

2) Salle de bain au secteur de matriarche et de patriarche :
La salle de bain au secteur de matriarche de votre demeure (secteur sud-ouest) vous causera des ennuis sérieux dans votre relation de couple. La femme de la famille connaîtra beaucoup de difficultés dans sa vie et ce sur tous les aspects. Tandis que la salle de bain au secteur de patriarche (secteur nord-ouest) nuit beaucoup au père de la famille. Sa vie professionnelle ne sera pas facile et les opportunités se feront rares.

Pour neutraliser les effets négatifs du mauvais emplacement d'une salle de bain et des toilettes, voici les remèdes à suivre :

- Gardez la porte de la salle de bain fermée;
- Maintenez le couvercle de la cuvette des toilettes baissé;
- Accrochez un miroir du haut en bas de l'extérieur de la porte;
- Suspendez un carillon à 5 tubes en métal pour harmoniser l'énergie;
- Ouvrez régulièrement les fenêtres des salles de bains pour aérer la pièce;
- Placer un petit miroir d'environ 20 cm de diamètre au dessus de chaque bol de toilette (face réfléchissante vers le bas);
- Ayez quelques plantes vertes dans votre salle de bain qui permettront d'absorber l'humidité et d'atténuer le chi négatif;
- Préférez des lumières vives dans la salle de bains, elles stimulent la circulation du chi. Les lumières halogènes encastrés au plafond sont très efficaces;
- La salle de bain doit être peu meublée et les surfaces dégagées : une abondance d'objets crée une atmosphère humide et stagnante;
- Rabattez le couvercle de la cuvette des toilettes quand vous activez la chasse d'eau afin de réduire les effets négatifs; sinon, vous chasserez le chi et les finances de la famille.

Secret : *Pour accroître le succès financier de votre entreprise, placez près de l'entrée de votre bureau un navire voguant vers l'intérieur. Assurez-vous que vos navires sont toujours chargés de reproduction de lingots d'or, de bijoux, des pièces de monnaie et d'autres trésors.*

Le bureau de travail

Le nombre de travailleurs autonomes ayant leurs bureaux à domicile connaît une forte croissance. D'où l'importance d'aménager le bureau pour que l'entreprise connaisse un grand succès.

Il est important de placer votre bureau loin de la porte d'entrée de votre maison. En faisant ainsi, vous êtes loin des bruits qui pourraient déranger votre concentration.

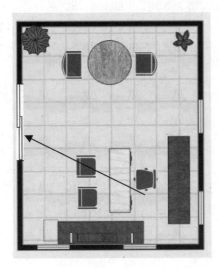

La position assise vous permet de voir qui entre dans la pièce

Pour l'emplacement de votre bureau, choisissez une pièce spacieuse et aussi éclairée que possible.

Le bureau idéal est une pièce de forme régulière, de préférence carrée ou rectangulaire. Il n'est pas conseillé de placer votre bureau au dessus d'un garage car vous travaillerez ainsi au dessus d'un vide. Vous vous sentirez constamment insécurisé et le succès de votre entreprise sera chancelant.

Pour votre bureau, l'achat de meubles neufs est fortement recommandé, car vous disposerez ainsi d'une énergie neuve et positive. Pour le choix d'une table de travail, je vous recommande une table robuste car elle représente la solidité et la stabilité de votre carrière. Si votre espace de travail vous le permet, adoptez des meubles du style exécutif.

Une table de travail ayant trois panneaux allant jusqu'au sol vous assurera la protection.

Ce type de table de travail n'est pas recommandé

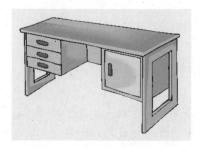

Ce type de table de travail est recommandé

Pour les matériaux de la table de travail, choisissez ceux en bois et non ceux en métal, car le bois symbolise la croissance et la vitalité. Évitez le dessus en verre car les affaires et l'argent risquent alors de vous échapper; le verre reflète les multiples sources de lumière créant ainsi le stress et la confusion.

Il est important de placer le poste de travail pour que vous voyiez qui entre dans la pièce. Cela vous assure la position du chef et vous aurez alors le contrôle de la situation. Évitez de vous asseoir dos à la fenêtre. La chaise de votre table de travail doit s'appuyer sur un mur solide. Accrochez en arrière de votre table un beau tableau avec des images de montagnes : ceci vous procura une protection accrue au travail.

Secret : *Une rue en impasse reçoit encore moins d'énergie qu'une rue en cul-de-sac. À défaut de circulation, l'énergie est faible, moins active. Les résidents risquent de vivre la stagnation et la monotonie. La chance et la richesse seront affectées. Vous pouvez remédier à la situation en plaçant une grande fontaine d'eau devant la maison ou accrochez un carillon sur la partie avant de la maison.*

BONHEUR

SECRET 38

Le lit au dessous d'une fenêtre

Selon la pratique du Feng Shui, il faut que le lit soit éloigné d'au moins un mètre d'une fenêtre. Des fenêtres qui descendent jusqu'au sol devraient être éloignées du lit d'au moins deux mètres. C'est par la fenêtre que le Chi s'échappe. Si le Chi est situé trop près de la fenêtre, la personne se trouvera dans un courant d'air et sera repoussée vers celle-ci, ce qui suscitera de l'angoisse et de la nervosité. Si vous êtes dans l'impossibilité de repositionner le lit et de l'appuyer contre un mur solide, fermez tout simplement les fenêtres et tirez les rideaux la nuit avant de dormir.

Secret : Ne pas laisser le désordre sur votre table à dîner. Elle doit être propre et toujours prête à servir. Le désordre sur la table à dîner causera la désharmonie et les obstacles. Il risque d'y avoir des tensions entre les membres de la famille.

Les miroirs dans une chambre à coucher

Les miroirs ont une grande importance pour le Feng Shui car ils accélèrent et redistribuent les flux du Chi. Leur surface lisse, dure et brillante renvoie l'énergie dans de multiples directions. Ils peuvent être utilisés pour améliorer l'éclairage dans une pièce où le Chi est stagnant. Plusieurs formes de miroirs sont disponibles : les miroirs ronds et ovales sont associés au métal, cependant les premiers sont plus yang, plus stimulants et concentrent le Chi tandis que les seconds, plus yin, plus relaxants, ont tendance de le disperser. Pour créer un environnement stimulant et vivant, des miroirs ronds sont plus appropriés.

Les hauts miroirs rectangulaires renforcent l'énergie de l'arbre. Donc, ils stimulent la croissance et la vitalité. L'énergie sera plus yang et plus animée. Les miroirs larges et plats sont associés au sol et créent une atmosphère calme et sécurisante.

Il est important de savoir qu'il n'est pas recommandé de placer un miroir faisant face directement au lit. Vous voir dans le miroir dans la position assise ou couchée peut vous causer les problèmes suivants : maladies, pertes financières, difficulté en amour. Si c'est le cas, recouvrez le miroir ou enlevez-le tout simplement. Si vous ne vous voyez pas dans le miroir, il n'y a aucun danger.

Voici les positions non recommandées des miroirs :

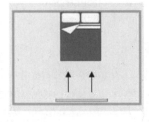

Miroir en face du lit

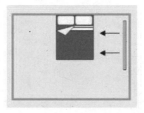

Miroir à côté du lit

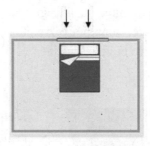

Miroir au dessus du lit

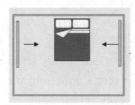

Miroir aux deux côtés du lit

Secret : *Pour un couple qui veut avoir des enfants, placez un bol en terre cuite ou en céramique contenant du riz en dessous de votre lit. Le riz et la céramique font partie de l'élément terre qui est associé à la fertilité. Lorsque ces deux éléments sont combinés, ils augmentent la chance de fertilité.*

Les bienfaits d'un aquarium

L'eau constitue la solution à bien des problèmes car elle est intimement associée à la vie. En installant un aquarium ou une grande fontaine d'eau en un point particulier dans votre demeure, vous pouvez améliorer de manière significative votre état de santé, l'abondance et votre destinée.

L'aquarium représente la façon la plus courante de faire entrer l'eau dans les pièces. Les endroits recommandés pour placer votre aquarium sont dans votre salon, au secteur est, sud-est et sud-ouest de votre demeure. Décorez-le de galets et de coquillages plutôt que des décorations en plastique et ajoutez des plantes aquatiques. Il ne faut jamais placer l'aquarium dans une chambre à coucher car l'énergie de l'eau est trop yang pour vous procurer un sommeil paisible. L'aquarium n'est pas recommandé non plus dans la cuisine car l'eau éteindra l'énergie du feu de la cuisinière.

Il faut se rappeler qu'en aucun cas l'aquarium doit être placé à la droite de la porte d'entrée principale (lorsque vous êtes à l'intérieur de la maison et regardez vers l'extérieur), car votre couple risque d'avoir des problèmes d'adultère. Les aquariums de forme rectangulaire ou ronde sont bénéfiques.

Veillez à ce que l'eau soit toujours propre et fraîche. Les poissons rouges symbolisent l'abondance et l'aisance matérielle. Les poissons tropicaux de l'Indonésie ou des carpes japonaises sont aussi très recommandés. Évitez des poissons de couleur noire. Il ne faut pas que les rayures et les taches noires des poissons dépassent 30% de la surface totale de leur corps. Des poissons noirs ou rayés de noir représentent le deuil dans la famille. D'ailleurs la vue des poissons noirs affaiblit le système immunitaire. J'ai un aquarium chez moi et j'y ai installé des poissons africains de toute sorte de couleurs. Pour le nombre de poissons, je suggère 2, 4, 6 ,8 ou 10 poissons.

Les aquariums ont un effet calmant sur la plupart des individus. Cependant, les personnes appartenant à l'élément feu, dont le chiffre Kua est 9, ne devraient pas s'attarder trop longuement près d'un aquarium. Enfin, l'effet d'un aquarium s'amoindrit dans le voisinage d'une cheminée, d'un fourneau ou d'un escalier. Il faut éviter d'installer un aquarium près des toilettes car il attirerait le mauvais chi.

Secret : Placez un vase avec des fleurs de ton jaune dans votre cuisine. Les fleurs représentent l'éclosion et l'aboutissement d'un cycle de vie. Le fait d'avoir des fleurs dans la cuisine encourage l'abondance. La couleur jaune, couleur de l'or, vous rappelle que votre objectif est d'accroître votre richesse. Pour obtenir plus d'efficacité, je vous suggère de placer des fleurs jaunes dans un vase de couleur verte.

L'utilité des carillons

Dans la vie de tous les jours, nous sommes agressés par des sons de toute sorte : bruits de la circulation, des sirènes, des téléviseurs et autres. En revanche, on se surprend agréablement à écouter le bruit des vagues de la mer, les chants des oiseaux, le bruit des feuilles agitées par le vent et le son agréable de la nature qui vit et nous fait nous sentir vivant.

Le carillon déplacé par le vent reproduit ses harmonies naturelles. Ses vibrations sonores nettoient l'atmosphère et absorbent les énergies nocives de la terre qui peuvent occasionnellement entrer dans une maison. On se sert des carillons pour ralentir la circulation rapide du chi ou pour le détourner, lorsque par exemple la porte d'entrée et la porte arrière se trouvent l'une en face de l'autre. Un carillon aux tubes creux doit être deux fois plus long qu'un carillon aux tubes massifs pour produire le même effet. Un carillon aux tubes creux de 30 cm de longueur ou aux tubes massifs de 15 cm peut repousser autant le chi que les énergies négatives, jusqu'à une distance d'un demi-mètre.

D'ailleurs, le carillon est l'un des antidotes les plus efficaces contre les angles, les coins saillants, les poutres apparentes et les toilettes placées en lieux inappropriés. Il y a deux sortes de carillons : ceux à tubes creux et ceux à tubes pleins. Les deux feront l'affaire.

Pour attirer de bonnes énergies vers votre demeure, placez le carillon à l'extérieur, devant votre maison, soit à la gauche ou à la droite de votre porte d'entrée. Si vous désirez entendre de beaux sons de carillon, utilisez ceux en métal. Si vous désirez que le son soit plus discret, optez pour les carillons en bois.

Le nombre de tubes dépend de la direction de la façade de votre maison. Si la direction de votre façade est nord, ouest, nord-ouest, sud-ouest ou nord-est, préférez des carillons à 6 tubes (en métal de préférence). Choisissez les carillons à 4 tubes (en bois de préférence) lorsque votre façade se trouve à l'est, sud-est ou sud.

Pour neutraliser les énergies négatives de la salle de bain, placez-y des carillons à 5 tubes en métal et choisissez l'endroit qui vous convient le mieux.

La qualité du son, la clarté et le timbre sont des facteurs d'efficacité des plus importants pour un carillon. Il doit vous plaire pour agir au mieux sur votre énergie. Si vous le désirez, vous pouvez activer un carillon en le faisant tinter quand vous passez à côté, engendrant ainsi du chi. Bien qu'un carillon ne bouge pas dans une pièce close, il continue à tinter et à agir de la même façon sur les plans symbolique et spirituel.

Secret : Avant de vous mettre au lit, emportez un bol de sel de mer dans la pièce dont vous voulez changer l'énergie. Saupoudrez légèrement le plancher de sel et laissez-le ainsi durant toute la nuit. Le lendemain, ramassez-le avec un balai et jetez le sel hors de la maison.

Le désordre, l'ennemi de l'énergie

Il est impossible que vous puissiez obtenir les résultats positifs de la pratique de Feng Shui si votre demeure est encombrée et en désordre, car l'énergie ne peut circuler librement, d'où le blocage dans votre vie. Et lorsque vous avez tendance de cumuler chez vous trop d'objets inutiles et dont vous n'avez plus besoin, tels que les vêtements, les chaussures, les vieux objets de décoration etc., vous verrez que les nouvelles opportunités dans votre vie se feront rares. Encouragez vos enfants à être ordonnés, à donner les jouets dont ils ne veulent plus. Il est essentiel d'aménager des rangements accessibles et fonctionnels dans les chambres d'enfants pour les inciter à avoir de l'ordre.

Voici les problèmes occasionnés lorsque le désordre et le débarras se trouvent au :

- Centre de la maison: problème de poids;
- Secteur sud-ouest : fréquents problèmes de relation;
- Secteur sud : victime des commérages;
- Secteur sud-est : endettement et pertes financières;
- Secteur est : beaucoup de malchance;
- Secteur nord-est : tendance de critiquer et d'avoir des idées négatives;
- Secteur nord : emploi sous rémunéré;
- Secteur ouest : manque de créativité;
- Secteur nord-ouest : sentiment d'être enfermé.

Secret : Évitez de vous asseoir au bout d'un long couloir représentant ainsi la flèche empoisonnée dirigée vers vous. Cette règle s'applique aussi pour l'emplacement des bureaux. Si votre bureau se trouve à l'extrémité d'un long couloir, vous aurez du mal à réussir, car l'énergie nuisible franchit tous les jours le seuil de votre porte. Placez des tableaux, des jeux d'eau ou encore des miroirs sur le long des murs pour ralentir l'énergie.

Où placer les photos des gens décédés?

Lorsqu'un membre de notre famille est décédé, le deuil n'est pas toujours facile à supporter ni à oublier. Certains d'entre nous ont tendance à exposer les photos des gens décédés dans plusieurs pièces de la maison et à garder même chez eux les urnes contenant les cendres du défunt. En Feng Shui, il n'est pas interdit d'exposer la photo des gens décédés, mais il ne faut pas exagérer non plus. Sachez que l'énergie des morts appartient à l'énergie Yin et celle des êtres vivants est Yang. Trop d'énergie Yin dans une demeure nuit beaucoup à la santé de ses habitants.

Donc, il n'est pas recommandé de placer les photos des gens décédés dans une chambre à coucher, même les photos de ceux et celles qu'on aimait. Placer les photos des morts dans la chambre peut causer la difficulté de faire le deuil, de bien dormir et d'évacuer les émotions malsaines. La chambre à coucher est un endroit où doit se loger l'énergie de la vitalité, de l'amour, de la passion et non de l'énergie de la mort. Il n'est pas conseillé non plus de placer les photos des gens décédés dans la salle à dîner ou dans le salon. Les meilleurs endroits seront la salle familiale, une chambre d'ami, les couloirs et le secteur approprié sera au nord-ouest de votre demeure qui représente la protection de nos ancêtres.

Pour les autres types de photos, elles nous relient au passé, à des événements heureux ou malheureux. Les photos doivent être soigneusement rangées dans les albums. Enlevez les photos qui vous rappellent de mauvais souvenirs. Dans les albums, les photos ne peuvent être rangées recto-verso : les photos et les événements se superposent et créent une influence négative sur les personnes qui ont été photographiés. Remplacez régulièrement les photos que vous accrochez chez vous par de nouvelles : cela génère de nouvelles énergies dans le secteur où vous les aurez placées.

Secret : La citrouille fait entrer dans la maison la richesse. Elle symbolise la grande prospérité, le fait d'avoir toujours assez à manger, la fortune durable pour les futures générations. Placez la citrouille au secteur sud-est de votre demeure. La citrouille, symbole de la fertilité, apporte la promesse d'enfants et de petits enfants qui assureront la transmission du nom de la famille.

Les plantes dans une chambre à coucher

La chambre à coucher est considérée un endroit Yin (particulièrement pour des adultes), conçue pour dormir et se reposer. Plusieurs praticiens de Feng Shui suggèrent de ne pas avoir de plantes dans une chambre car selon eux, les plantes grandissent et créent une certaine forme d'activité Yang qui pourrait être nuisible au sommeil. Cependant, une petite plante sera acceptable. Ce qui est habituellement moins bénéfique ce sont de grosses plantes avec des grandes feuilles. Quant aux fleurs fraîches coupées, il n'y a aucun problème à les placer dans une chambre à coucher. La plupart des fleurs sont colorées et leurs parfums sont agréables.

Cependant, assurez-vous que l'eau dans le vase soit propre et que vous jetiez les fleurs aussitôt qu'elles sont fanées. D'autre part, tel que mentionné précédemment, l'eau d'un aquarium ou d'un réservoir de poissons ne doit pas être placée dans une chambre à coucher. Lorsque les poissons nagent, ils produisent de l'énergie Yang et perturbent le calme d'une chambre à coucher. Des peintures représentant les images de lacs, de rivières ou encore de la mer ne sont pas recommandées dans une chambre, car cela peut causer des maladies, des pertes financières et même des difficultés dans votre relation amoureuse.

Secret : Pour la clôture de votre jardin, les couleurs leur convenant le mieux sont le vert et le rouge. Une clôture verte est le symbole de la vitalité et de la croissance semblable au vert d'une végétation abondante. Une clôture rouge est le symbole de la protection, de la chance et de la puissance. Évitez les clôtures de ton blanc qui représentent l'indifférence, l'échec et le deuil.

L'ordinateur dans une chambre

Il est préférable que l'ordinateur ne se trouve pas dans la même pièce où vous dormez, car l'ordinateur représente le travail et la chambre, le repos. Les deux activités sont complètement incompatibles. Cependant, dans plusieurs logements, à cause d'un manque d'espace, on a tendance à installer un espace de travail avec un ordinateur dans la chambre.

Si c'est votre cas, voici les éléments à respecter :

• Assurez-vous que le bord de la table d'ordinateur ne se dirige pas directement vers le lit, car il représente les flèches empoisonnées qui attaquent votre corps;
• Choisissez les moniteurs d'ordinateur avec les écrans mats ou anti-éblouissants;
• Placez une plante aux feuilles acérées ou encore un cristal de quartz à côté des ordinateurs pour neutraliser les ondes électromagnétiques;
• Lorsque vous terminez avec l'ordinateur, placez un couvercle sur le moniteur;
• Le meilleur endroit pour placer votre bureau de travail et les ordinateurs est au coin nord-ouest de votre chambre.

Secret *: Les bonzaïs, arbres nains, émettent un type de chi opposé au chi naturel du bois. Les bonzaïs symbolisent le ralentissement et l'arrêt. Ils ne sont vraiment pas recommandés pour les gens d'affaires ou les personnes débutant une carrière professionnelle. Évitez ce type de plante au secteur Est et Sud-est de votre demeure.*

Outils pratiques pour améliorer l'énergie

Pour améliorer ou renouveler l'énergie dans une pièce, il y a plusieurs outils que vous pouvez utiliser :

1)   **L'éclairage :**

Le choix de l'éclairage se répercute sur notre humeur : un manque de lumière fait baisser notre vitalité, peut amener l'apparition de pensées négatives et mener à l'isolement. Cependant, trop de lumière peut donner envie de déserter souvent. N'utilisez pas de lampes à économie d'énergie : elles diminuent le niveau vibratoire de la pièce et agissent négativement sur la qualité de l'air ambiant. Vous devriez avoir un très bon éclairage dans la cuisine, le bureau, le hall d'entrée et les escaliers, car ce sont des pièces ayant des activités intenses. Les chambres, le salon et la salle familiale peuvent avoir un éclairage plus doux.

2)   **Les sons :**

Les sons peuvent être utilisés pour évacuer l'énergie ancienne négative ou l'énergie stagnante. Tout son qui traverse l'air en vibrant, influencera votre champ d'énergie, favorisant ainsi votre changement d'humeur. Un son doux, plus yin, calmera et apaisera l'énergie qui vous entoure, vous permettant ainsi de vous détendre. Par contre, un son vibrant, rythmique, plus yang, stimulera votre champ d'énergie, vous faisant vous sentir plus actif.

Les sons des carillons attirent une nouvelle énergie et génèrent des nouvelles opportunités. Privilégiez des carillons en laiton. Si les carillons ne conviennent pas à votre style de décoration, une cloche en laiton sera une excellente alternative. Une cloche placée sur un bureau ou un comptoir peut engendrer du dynamisme aux endroits voulus. Tandis que les gongs sont d'excellentes solutions pour les entrées de la maison.

Parmi les sons les plus habituels dans une maison, il y a la musique. Une pièce de musique classique calmera rapidement votre humeur, tandis qu'un morceau rythmé de danse vous insufflera plus de dynamisme. Évitez cependant la musique de style « heavy metal ».

3)   Les miroirs :

En Feng Shui, les miroirs sont utilisés pour ajouter de la lumière et de la clarté dans une pièce. Ils servent à attirer l'énergie dans un espace et à réorienter le flux d'énergie. Les miroirs carrés ou rectangulaires symbolisent l'équilibre tandis que les miroirs de forme ronde ou ovale symbolisent la plénitude et l'unité. Si votre vestibule est sombre et que l'énergie y est stagnante, vous pouvez la stimuler en plaçant des miroirs à gauche et à droite de la porte d'entrée.

Dans les longs couloirs, il fait souvent sombre et l'espace y est souvent étroit. Placer les miroirs au long des couloirs les feront paraître plus larges et ralentira l'énergie qui a la tendance d'accélérer.

4)   Les boules de cristal :

Les boules (sphère) de cristal sont les outils les plus utilisés en Feng Shui. Préférez des boules de forme ronde et de diamètre minimal de 5 cm. Lorsque la lumière touche ces sphères de cristal, les arcs-en-ciel se déploient harmonieusement à travers la maison.

On utilise les boules pour harmoniser les flux d'énergie, attirer l'énergie là où il en manque, réorienter l'énergie dans une direction plus bénéfique. Les éclats de ces sphères ajoutent de la lumière et de l'énergie nouvelle dans une pièce.

Je vous suggère de suspendre les boules de cristal aux fenêtres de votre chambre, de votre cuisine ou encore de la salle à dîner.

5)   Les fontaines d'eau :

Les fontaines d'eau apportent plus de vitalité dans une maison. L'eau représente le mouvement, la richesse et la circulation de la vie. En plus, le son du ruissellement de l'eau est apaisant et suscite une sensation de bien-être.

L'eau courante génère plus d'énergie Yang que l'eau calme. Par exemple, une chute d'eau aura une influence plus yang, plus active, qu'un étang. De même le mouvement descendant d'une fontaine aura un effet plus ancrant qui vous fera vous sentir grandi.

Les bons secteurs pour placer une fontaine d'eau est est, sud-est, nord et sud-ouest. Évitez de placer la fontaine au sud ou au nord-est.

6)   Les plantes et les fleurs :

Une maison remplie de plantes luxuriantes évoque immédiatement la force et la vie. Les plantes ralentissent efficacement le mouvement de l'énergie, car elles génèrent leur propre champ d'énergie, que toute autre énergie devra traverser. Dans un vestibule de bonnes dimensions, vous pouvez utiliser de grandes plantes en pot. Si votre vestibule est étroit, mettez les plantes tombantes.

Si vous avez des plantes en pot, utilisez des pots en matière naturelle, comme la terre cuite. Ils contribueront à l'atmosphère harmonieuse de votre maison. Les plantes artificielles peuvent être utilisées si elles paraissent réelles et qu'elles sont fabriquées en soie.

Les fleurs fraîchement coupées génèrent un excellent Chi par leurs couleurs, leurs formes et leurs parfums. Placez régulièrement des fleurs fraîches dans la salle à dîner, le salon ou encore dans la cuisine pour créer un environnement invitant et joyeux. Une fleur qui se fane génère une mauvaise énergie. Toujours pour favoriser le Chi, changez chaque jour l'eau de vos vases.

7)   Les couleurs :

La couleur agit sur tous les aspects de la vie et les possibilités de l'énergie d'une maison par les couleurs sont innombrables. La couleur agit puissamment sur votre état d'âme et elle peut activer des émotions et des idées subconscientes conduisant à la réussite.

En peignant les murs d'une pièce, on y ajoute la vie et le type d'énergie qu'on veut obtenir :

Le Rouge : stimule, réchauffe et fortifie. Couleur symbolisant la passion, la chance, l'amour et l'énergie sexuelle;

Le Jaune : symbolise le soleil, le tonus, la santé. Le jaune, couleur de terre, stimule et réveille;

L'orange : symbolise la richesse et la séduction. Il stimule système respiratoire et est antispasmodique;

Le Vert : est une couleur rafraichissante et stimulante. Symbole de la nature, de la croissance et aussi de l'espoir. Le vert régénère l'énergie et la vitalité;

Le Bleu : représente la couleur du ciel et de l'eau. Elle calme et relaxe. Couleur efficace pour soulager l'insomnie et le stress;

Le Rose : exprime la douceur, le romantisme et la maternité. Couleur appropriée pour les petites filles;

Le Blanc : est une absence de couleur. Selon les occidentaux, le blanc symbolise la pureté et la virginité. Pour les Chinois, c'est la couleur de la mort et l'indifférence;

Le Violet : représente l'intériorisation et la méditation;

Le Noir : incarne l'obscurité, l'autorité, la puissance. Cette couleur est aussi associée à la mort et au malheur.

8)   Les odeurs :

Les odeurs agréables sont souvent associées à de bons souvenirs, de bons sentiments, des états supérieurs de bien-être et une conscience plus aigue de la réalité. L'encens et les huiles essentielles font partie des régulateurs d'énergie. Utilisez de l'encens de bonne qualité. Évitez les produits synthétiques car ils sont moins efficaces. Dans le cas des huiles essentielles, choisissez l'arôme que vous préférez et les qualités curatives que vous recherchez. Ces huiles parfumées peuvent améliorer votre santé et votre état d'esprit ainsi que votre environnement.

Secret : Changez l'atmosphère de votre salle de séjour en y disposant des objets d'arts, des esquisses, des peintures ou des affiches. Ces images vous aideront à vous sentir différent à chaque fois que vous les verrez. Rien que cela suffira à changer votre champ d'énergie. La forme d'une œuvre d'art ou l'objet lui-même créera un effet différent. Les couleurs vives, plus yang, rendront la pièce plus animée, tandis que celles plus pâles créeront un état d'esprit plus calme, plus yin.

Tête de lit vers le Nord ?

Dans plusieurs livres de Feng Shui, on suggère de placer la tête de lit vers le Nord. Ce n'est pas une mauvaise recommandation car cette direction est calme et la chaleur du soleil est la moins forte. Cependant, cette direction est conseillée plus pour un adulte ou une personne âgée ayant de la difficulté de dormir. Les personnes plus jeunes ont cependant intérêt à éviter de dormir dans un lit dont la tête est orientée au nord, car elles risqueraient de devenir passives.

Pour la direction du lit, je recommande de placer votre lit essentiellement en fonction des buts que vous désirez atteindre.

Avec votre chiffre Kua, vous aurez quatre bonnes directions et quatre directions moins favorables pour le lit (pour connaître votre chiffre Kua, référez-vous à la page 31). Les quatre directions favorables vous permettront d'atteindre vos objectifs personnels.

Observez le tableau suivant :

Quatre directions favorables

Nombre Kua	Prospérité	Santé	Amour	Harmonie
1	SE	E	S	N
2	NE	O	NO	SO
3	S	N	SE	E
4	N	S	E	SE
6	O	NE	SO	NO
7	NO	SO	NE	O
8	SO	NO	O	NE
9	E	SE	N	S

Quatre directions peu favorables

Nombre Kua	Désastre	Cinq Esprits	Six Meurtres	Perte Totale
1	O	NE	NO	SO
2	E	SE	S	N
3	SO	NO	NE	O
4	NO	SO	O	NE
6	SE	E	N	S
7	N	S	SE	E
8	S	N	E	SE
9	NE	O	SO	NO

Voici la signification des directions :

FAVORABLES

Prospérité (Sheng Chi) : pour attirer la prospérité et le succès. Pour les jeunes, c'est la direction pour favoriser les études;

Santé (Tien Yi) : pour obtenir une bonne santé et éviter les maladies graves;

Amour (Nien Yen) : pour obtenir une vie affective heureuse et résoudre les problèmes de couple . C'est une bonne direction pour améliorer la fertilité;

Harmonie (Fu Wei) : pour obtenir la paix intérieure et la chance en général.

PEU FAVORABLES :

Désastre (Ho Hai) : accidents et mésaventures; pertes financières;

Six Meurtres (Lui sha) : occasions manquées au travail et dans les affaires, complications légales, maladies, accidents;

Cinq Esprits (Wu Kwei) : malchance, mésentente au foyer et au travail.;

Perte totale (Cheh Ming) : la pire des directions. Perte de la richesse, banqueroute, graves maladies.

Avant d'aller plus loin, j'aimerais préciser que le chiffre Kua vous donne des directions pour bien placer la tête de votre lit ou choisir une bonne façade de votre demeure. **En aucun cas, le chiffre de Kua vous indique le secteur où vous placerez votre chambre à coucher ou votre bureau.**

Prenons l'exemple suivant. La femme est née en juillet 1956. Donc, son chiffre Kua est 7. Sa chambre à coucher est au nord. La direction Nord pour la personne du chiffre Kua 7 signifie Désastre. Cependant, la chambre située au nord ne lui causera aucun problème financier ou des accidents. Toutefois, si sa tête de lit se dirige vers le nord, elle aura alors des problèmes de pertes financières. **Le chiffre Kua indique la direction et non un secteur.**

Pour améliorer l'amour, elle doit placer la tête de lit vers nord-est. Pour accroître la prospérité, la direction recommandée sera Nord-Ouest.

Voici un autre exemple :

Un homme né en décembre 1968. Son chiffre Kua est 2. Il veut améliorer sa vie affective. Doit-il coucher dans la chambre située au nord-ouest ou doit-il placer la tête de lit vers nord-ouest? Si vous avez choisi la deuxième réponse, vous avez raison.

Si vous n'avez pas des objectifs spécifiques à atteindre, l'une des quatre directions favorables selon votre chiffre Kua sera bénéfique pour votre tête de lit.

Qu'arrive-t-il si votre conjoint(e) n'a pas les mêmes directions que vous?

Si les directions sont bénéfiques pour les deux : tant mieux. Vous n'avez rien à faire.

Exemple : l'homme, son chiffre Kua est 1 et sa femme, son chiffre Kua est 4.
Leur tête de lit s'oriente vers le Sud. Donc, cette direction favorise l'amour pour l'homme et santé pour sa conjointe

Si les directions sont bénéfiques pour l'un des deux : il faudra orienter le lit dans la bonne direction pour la personne que vous aimeriez favoriser.

Exemple : l'homme, son chiffre Kua est 2 et sa femme, son chiffre Kua est 4.
Sa conjointe vient de subir une opération à l'hôpital.

Leur tête de lit s'oriente vers le sud. Bien que cette direction soit peu favorable pour l'homme, elle pourra favoriser la santé pour sa conjointe.

Secret : *Les mimosas avec leurs petites sphères jaunes et duveteuses, renforceront l'énergie du centre de votre demeure. Placez-les au centre de votre maison pour rééquilibrer votre vie. Les fleurs de lys, malgré leurs longues tiges, sont apaisantes avec leurs têtes penchées. Utilisez-les pour créer une ambiance plus calme dans une pièce. Enfin, pour réveiller une vie sexuelle un peu paresseuse, je vous suggère de placer dans votre chambre les orchidées de ton mauve ou rouge.*

Coins à problèmes

Indépendamment de leur situation dans la maison, certains éléments peuvent avoir un effet négatif sur le Chi. Heureusement, même si vous vous trouvez confronté à plusieurs de ces inconvénients, leurs effets négatifs peuvent être atténués par le Feng Shui.

Les angles en saillie

Si les angles des murs, des meubles ou des étagères sont dirigés vers vous, ils créent un Sha Chi (le chi destructeur). Vous ressentirez une impression désagréable et un épuisement. Pour l'éviter, il suffit de placer une plante sur le sol ou accrochez un panier de plantes tombantes face à l'angle. Pour les étagères, déplacez-les, pourvu qu'elles ne soient en face de vous ou en arrière de vous.

Les recoins

Les recoins d'une pièce sont souvent sombres. Le chi a tendance de s'arrêter. Ils attirent aussi la poussière, autre facteur de stagnation. Accélérez le flux d'énergie grâce aux plantes, à des objets colorés, à un vase avec des fleurs de ton jaune et rouge par exemple ou encore avec une lampe allumée. Vous pouvez y placer une boule de cristal ou encore un mobile.

Les murs obliques

De plus en plus, les plafonds mansardés sont populaires. Cependant, ce type de plafond comprime le flux du Chi et alourdit l'atmosphère. Cet effet est accentué si le plafond est plus bas. Il faudra donc faire remonter le flux du Chi en l'empêchant de stagner sous la pente du plafond. Vous pouvez y placer une lampe sur pied avec la lumière dirigée vers le haut. Les pièces avec les murs obliques ne sont pas recommandées pour une chambre ou pour des activités de longue durée.

Les poutres

Les poutres peuvent être en bois, en béton ou encore en acier. Si leurs angles sont aigus, des poutres apparentes peuvent interrompre la circulation du Chi. Ils peuvent susciter la division, la répression et un sentiment de suffocation chez les occupants de la maison. La hauteur des poutres a aussi une importance : plus le plafond est haut, moins leur influence sera perceptible.

Les poutres ont des effets négatifs à chaque fois que des gens se trouvent au dessous, en étant en position assise ou en s'allongeant.

Une poutre au dessus du fourneau peut nuire à votre carrière et une poutre au dessus de la table à salle à diner peut perturber aussi bien votre carrière que votre vie sociale. Une poutre dans le sens et sur la longueur du lit peut exercer une pression sur tout le corps. Et si une poutre est en travers du lit, elle peut entrainer des problèmes de santé dans toutes les parties du corps au dessus desquelles elle se trouve. Il vaut mieux éviter de dormir sous des poutres, particulièrement celles qui sont en métal et présentent des angles vifs, car le flux du Chi est alors néfaste pour la santé.

Pour remédier à la situation, vous pouvez utiliser une des méthodes suivantes :

- Peindre les poutres de la même couleur que le plafond;
- Placez les appliques murales sous les poutres;
- Suspendez deux tiges de bambou Feng Shui sous la poutre, à un angle de 45 degrés, une à chaque extrémité de la poutre;
- Placez un voilage par-dessus des poutres pour les camoufler.

Secret : Pour les salles de bain, les revêtements de sol synthétiques, tels les moquettes, les tapis ou les linoléums, tout comme les rideaux de douche en plastique, sont chargés d'électricité statique qui a une influence négative sur l'énergie ambiante : ils sont à éviter autant que possible. Cependant, les rideaux, stores, moquettes et tapis en fibres naturelles rendent la pièce plus douillette et confortable. Mais il ne faut pas abuser de ce type de matériaux pouvant favoriser la stagnation.

Attention au garage

En Feng Shui, il est préférable que le garage soit séparé de la maison. Puisque la plupart des garages sont souvent adjacents à la maison, je recommande que vous ne placiez aucune pièce ni au dessus ni en dessous du garage. Dans ce cas, le garage ne fera pas partie du plan de la maison et ses impacts négatifs seront moindres. Si votre chambre ou votre bureau se trouve au dessus du garage ou votre salle familiale se trouve en dessous du garage, une, voire plusieurs surfaces vitales de votre demeure seront affectées.

Par exemple, le garage se trouve au secteur nord : votre carrière sera difficile. Au sud-ouest, votre relation amoureuse sera sérieusement perturbée.

Pourquoi? Parce que le garage n'est pas un lieu propre. Son énergie est souvent polluée par la poussière, les gaz d'échappement et le bruit; le garage est souvent sombre et l'énergie y est immobile.

Il est préférable que le garage soit situé à la droite de la maison (lorsque l'on regarde la maison de l'extérieur). L'accès au garage ne doit pas donner directement sur l'entrée de la maison pour éviter que les gaz de combustion et la poussière ne portent atteinte à la santé des habitants de la maison.

Évitez surtout de placer votre chambre au dessus d'un garage. Cet emplacement n'est guère recommandé en Feng Shui car vous dormez au dessus d'un espace froid et vide. Le garage draine la chambre de son chi et de sa chaleur. Vous risquez d'avoir de sérieux problèmes de santé et vous aurez des sentiments d'insécurité.

Je vous suggère plutôt de re-localiser votre chambre ailleurs si c'est possible. Sinon, et pour atténuer les effets négatifs, placez des plantes vertes dans la chambre et suspendez une sphère de cristal au centre du plafond de la pièce. D'ailleurs, évitez d'entrer dans votre maison à partir du garage, car l'énergie sale et malsaine y entrera aussi, ce qui sera néfaste pour votre santé.

Secret : *Le foyer dans la chambre, malgré son aspect esthétique qui est plaisant, n'est pas recommandé en Feng Shui. Le feu du foyer peut brûler l'énergie du mariage, vous épuiser physiquement et engendrer des conflits. Je vous recommande de placer près du foyer des beaux vases en terre cuite et quelques plantes vertes pour atténuer l'énergie du feu.*

Prenez bien soin du centre de la maison

Toutes les pièces de la maison ont leur importance mais le centre de la maison est vital. En effet, l'énergie du centre de votre demeure influence grandement votre santé, votre équilibre et a une incidence sur tous les aspects de votre vie. Le centre est ainsi influencé par les autres surfaces et les influence à son tour.

Pour obtenir une amélioration d'ensemble, commencez par le centre. Les remèdes appliqués au centre font rayonner l'énergie vers les autres surfaces de la maison. Il est important que le centre soit ouvert, aéré et libre. Pour activer le centre associé à l'élément Terre, placez des objets en terre cuite ou en céramique. Les couleurs recommandées sont le jaune, le beige ou le rouge. Vous pouvez y placer une belle lampe en cristal pour activer l'énergie du centre. Éviter des plantes vertes et des meubles en bois dans ce secteur. Les formes des objets recommandés sont carrées ou larges rectangulaires.

Les pièces recommandées au centre sont la salle de séjour ou encore le bureau. Il sera très néfaste de placer la salle de bain ou les toilettes au centre de la maison. L'énergie usée de ces pièces vous causera de sérieux ennuis de santé et des problèmes de toutes sortes. Si c'est le cas, placez un miroir à l'extérieur de la porte et gardez la fermée. La chambre à coucher située au centre nuira beaucoup à votre relation de couple et à votre sommeil. Je vous suggère de placer un carillon en métal à cinq tubes au centre de la chambre à coucher pour harmoniser la pièce. Un autre remède sera de placer un miroir à l'arrière de la maison directement en ligne avec le lit, pour le tirer en arrière dans une position sans danger.

Secret : Dans la salle de bain de votre chambre à coucher, je recommande de ne pas placer deux lavabos l'un à côté de l'autre : cela induit une séparation symbolique dans le couple. Si vous avez ce genre de lavabo, placez un grand miroir qui relie les deux.

Les objets de décoration

Prenez la peine d'analyser votre intérieur avec un regard neuf et ce en fonction de vos manques dans tel ou tel autre domaine. Si vous souffrez de violence, observez ce qui, dans la décoration de l'intérieur de votre maison, pourrait induire cette violence : des armes, des tableaux représentant des scènes de guerre, etc. Rien n'est neutre.

Une personne seule et souffrant de solitude pourrait par exemple s'être entourée d'éléments de décoration qui induisent la solitude : des paysages de neige sans personnage, des objets dépareillés etc.

Avec ce regard, la maison aura vite fait d'apparaître comme un prodigieux miroir de vos freins inconscients à l'accès au bonheur et au bien-être.

Voici la liste des problèmes qui peuvent être reliés aux objets de décoration que vous avez chez vous :

Pauvreté : plantes mortes, vases vides, fleurs séchées, fruits artificiels, tableaux sans couleurs, meubles décolorées, lumière brûlée;

Solitude : objets dépareillés (lampes, meubles etc.), vues représentant des personnes seules, paysages désertiques;

Mésentente du couple : trop de couleur rouge ou orange, cactus, objets pointus;

Agressivité : armes, épées, tableaux de la bataille, affiches violentes, trop d'objets en métal;

Santé : animaux empaillés, photos des gens décédés, cordes, plantes mortes;

Malchance : couleurs noires, masques ;

Ennuis : nœuds, câbles emmêlées, miroirs brisés, vitre cassée ;

Rancune : coins et recoins encombrés, souvenirs malheureux.

Il est important de renouveler occasionnellement votre demeure. Choisissez avec soin les images et les objets de décoration qui, non seulement vous plaisent, mais qui vous apportent aussi des énergies positives. Privilégiez les images qui représentent la vie, la joie et l'amour. Débarrassez-vous des objets qui sont défectueux ou désuets, des vieux souvenirs et des objets qui inspirent la peine ou même la haine. Chaque fois que vous renouvelez le décor de votre intérieur, vous y ferez entrer une nouvelle brise de fraîcheur d'énergie et cela encouragera l'arrivée de nouvelles opportunités dans votre vie.

Secret : Les maisons à paliers multiples (split-levels) sont déconseillées. Un rez-de-chaussée présentant des dénivellations suggère l'instabilité. Cependant, si vous vivez dans une maison comportant plusieurs niveaux, assurez-vous que la salle à dîner soit située au niveau le plus élevé.

Les symboles Feng Shui

On m'a souvent posé des questions sur les symboles chinois. On me demande, entre autres, s'il existe un lien entre le Feng-Shui et les symboles chinois. Ou encore, on veut savoir quelle est l'utilité de ces objets ou articles que l'on voit souvent dans les boutiques chinoises ? De quelle façon doit-on les utiliser ?

L'écriture chinoise est constituée de symboles que je trouve très mystiques et merveilleusement beaux ä voir et à écrire. Les lignes continues et discontinues sur les trigrammes du Pakua sont aussi des symboles. Les origines du Feng-Shui symbolique remontent aussi loin dans l'histoire de la Chine que le I Ching. Les Chinois croyaient que l'utilisation de représentations d'animaux, de plantes et des dieux, apporteraient de la chance et de la prospérité. Personnellement, je crois que ces symboles ne sont que des outils d'appoint utilisés pour remédier à certaines situations, s'ils sont bien placés dans les endroits spécifiquement désignés. Les symboles ne remplacent pas les principes de l'harmonie des cinq éléments et de l'équilibre du Yin et Yang.

Vous trouverez ci-après la description de certains symboles ainsi que leurs bienfaits.

DRAGON

Le Dragon est l'une des créatures célestes chinoises les plus puissantes. Il apporte la chance, l'autorité, la protection et la force. Il protège aussi les relations et les occupants. Le Dragon peut être placé en avant de la maison du côté gauche (en entrant à la maison) pour vous protéger ou encore dans le secteur Est de la maison.

MIROIR PAKUA

Le miroir Pakua doit être toujours installé à l'extérieur et jamais à l'intérieur de la maison. Il est souvent installé au dessus de la porte d'entrée principale avec la surface réfléchissante vers l'extérieur pour neutraliser les influences négatives ou encore des flèches empoisonnées (des angles, arrêts pointus, des pilons électriques, des poteaux ou encore des bâtisses qui dégagent de l'énergie négative: les hôpitaux, les salons funéraires). Je vous suggère d'utiliser les miroirs Pakua avec le miroir plat et non concave, ni convexe.

LA SPHÈRE DE CRISTAL

C'est l'item le plus utilisé en Feng Shui. Il est préférable qu'il soit en cristal plutôt qu'en verre. Le sphère de cristal attire et dynamise le chi de la santé. Ses multi-facettes permettront de diffuser l'énergie dans toutes directions. La sphère de cristal est souvent utilisée pour apaiser les dépressions, favoriser la santé, dynamiser les relations et purifier le chi.

On peut accrocher les sphères de cristal dans les allées, aux fenêtres et dans les coins. Il est très bénéfique dans les chambres à coucher pour enlever le stress et harmoniser les relations.

LES TROIS PIÈCES DE MONNAIE CHINOISES

Ce sont les trois pièces chinoises de l'époque impériale percées d'un trou carré. Elles sont reliées entre elles par un fil rouge. Elles symbolisent l'union du ciel et de la terre. Le chiffre 3 encourage la croissance et le fil rouge représente l'élément Feu qui active la réalisation. Conservez-les dans votre portefeuille, votre sac à main ou encore dans votre carnet de chèques pour qu'ils attirent l'argent. Vous pouvez aussi enrouler les trois pièces de monnaie à la poignée intérieure de votre porte d'entrée avec un ruban rouge, pour favoriser l'abondance.

LE CRAPAUD À TROIS PATTES

Le crapaud à trois pattes, nommé parfois 'Chan Chu', symbolise le trio de chance provenant du ciel, de la terre et de l'humanité. Il favorise la prospérité, la longévité, la chance et la sécurité. Les matériaux recommandés pour les crapauds sont ceux qui sont dorés et dont les yeux sont constitués des pierres semi-précieuses. La pièce de monnaie dans sa bouche renforce la chance au niveau de prospérité.

Vous devriez le placer en biais à la porte d'entrée, à terre ou sur une table basse, face vers l'intérieur et non vers l'extérieur de la maison (sinon, l'argent sortira de chez vous). Le crapaud doit être placé du côté gauche de la porte d'entrée principale en entrant chez vous.

UNE PAIRE DE CANARDS MANDARINS

Les canards symbolisent souvent les relations heureuses et le mariage. Cependant, il faut toujours utiliser une paire de canard et non un canard seul. Une paire de canard est souvent utilisée pour augmenter l'énergie romantique, consolider les relations et assurer un mariage heureux.

Le meilleur endroit où placer les canards se trouve dans la chambre à coucher ou dans le salon. Placer toujours les canards l'un à côté de l'autre et regardant dans la même direction.

Il faut éviter de placer les canards face à face car cela incitera l'un de vous deux à trouver un autre partenaire…

LES TROIS DIEUX : FUK, LUK ET SAU

Luk est le Dieu du premier rang et de la **richesse**. Parfois, il tient dans ses bras un petit enfant qui symbolise les souhaits de bonne santé, la prospérité et la source d'espoir du présent et du futur.

Fuk est le Dieu du **bonheur et de la prospérité**. Il est légèrement plus grand que les deux autres et il est toujours placé au centre. Il tient dans ses bras un symbole d'or qui représente la richesse.

Sau est le Dieu de **santé et de longévité**. Il est facilement reconnu avec une tête plus large et il tient dans une main une pêche qui fleurit seulement une fois à chaque trois mile ans, symbolisant ainsi l'immortalité.

Il faudra placer les trois Dieux sur un meuble ou à un endroit élevé au dessus du niveau des yeux. C'est un signe de respect. Il est recommandé de les placer dans le salon ou dans la salle à manger.

LE BATEAU À VOILE

Choisissez un modèle de bateau à voile en bois. Remplissez le pont des bijoux et d'objets ressemblant à de l'or. Ce bateau chargé d'or fera voguer la fortune vers vous. Le meilleur endroit pour le bateau est sur une table basse du salon, près de la porte, avec la proue pointée vers l'intérieur.

LE BOUDDHA RIEUR

Le Bouddha rieur jouit d'une grande popularité parmi les hommes d'affaires chinois, et plus particulièrement chez les restaurateurs, car il symbolise le succès et l'abondance. En Chine, toute personne d'âge mûr – homme ou femme – est prospère si elle a le ventre un peu gonflé. Cet embonpoint est censé refléter l'abondance de Chi favorable dans leur corps. Donc, le Bouddha rieur apporte la joie dans une maisonnée. Son ventre rebondi symbolise la richesse et l'abondance.

Je vous suggère de placer le Bouddha rieur près de l'entrée sur une table basse. Il doit regarder vers la porte pour bénir l'énergie qui entre. Vous pouvez le placer aussi dans votre bureau pour attirer les nouvelles opportunités d'affaires. Je vous suggère de choisir le Bouddha de ton rouge pour attirer la chance. Ne pas placer le Bouddha par terre ou dans votre chambre à coucher. Dans la salle à dîner, je vous suggère de placer le Bouddha méditatif pour bénir le chi de votre nourriture.

LE CHI LIN (CHEVAL DRAGON)

Le cheval dragon, ou licorne chinoise, est une créature fabuleuse et de bon augure. C'est un symbole de longévité, de richesse, d'enchantement et de grande sagesse spirituelle. La créature a le corps d'un cheval avec la tête d'un dragon. Comme cette créature est puissante, le simple fait d'exposer son image, croit on, peut faire naître la chance partout où on le place. Placez-le au nord pour favoriser votre carrière, à l'est pour améliorer votre santé et au sud-est pour attirer la richesse. On l'expose toujours seul et jamais par paire.

C'est un excellent cadeau pour ceux qui démarrent leur nouvelle entreprise ou un nouvel emploi, pour leur donner la chance de réussir.

LES CHIENS FU

En Chine, les symboles de protecteurs sont omniprésents à l'entrée des temples, des palais et des principaux bâtiments publics. Les symboles protecteurs les plus utilisés sont les chiens FU. Les Chinois se servent traditionnellement de chiens Fu comme protection contre la malchance. Ces chiens Fu ressemblent à des lions en position assise. Leur taille importe peu mais ils doivent être proportionnés aux dimensions de votre maison. Vous les placez toujours par paire. Mettez-les en hauteur de part et d'autre du portail ou sur une table et sur un support plutôt que directement par terre.

Secret : Les fleurs et plantes épineuses (telles que les roses et les cactus) n'apportent pas un bon Feng Shui et envoient en fait de minuscules flèches empoisonnées qui vous agressent. Ne les mettez pas près de vous quand vous travaillez. Avec le temps, elles provoquent une accumulation d'ennuis et de difficultés.

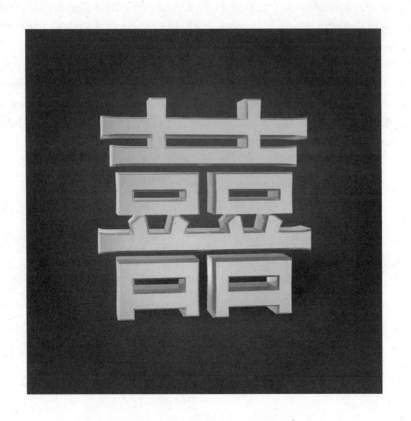

DOUBLE BONHEUR

SECRET 53

Êtes-vous prêt(e) à être en amour?

Rappelez-vous que le succès en amour dépend en grande partie de vous. Le Feng-Shui n'est qu'un des outils parmi tant d'autres qui vous aidera à obtenir l'amour, à le vivre harmonieusement et à le préserver. L'amour est le plus beau cadeau que nous offrons à quelqu'un et que l'on peut recevoir de l'autre.

Vous conviendrez avec moi que la vie est trop courte. On ne sait jamais quand cette vie se terminera. Alors, s'il vous plaît, dites aux gens que vous aimez et dont vous vous souciez, qu'ils sont précieux, uniques et importants à vos yeux. Pour ceux ou celles qui sont en couple, avez-vous déjà fait la liste des raisons pour lesquelles vous aimez votre partenaire? Si vous ne l'avez pas fait, je vous suggère de dresser cette liste dès aujourd'hui. Une fois terminée, montrez-la à celui ou celle que vous aimez et dites-lui sincèrement comment il ou elle vous est important(e).

Conservez cette liste dans votre portefeuille ou votre sac à main et relisez-la au moins une fois par semaine. Ajoutez au fur et à mesure sur cette liste d'autres raisons que vous pourrez trouver. Avec notre train de vie d'enfer, il nous arrive souvent d'oublier que notre vie de couple se fait à deux. D'ailleurs, souvenez-vous que vous récoltez ce que vous semez et ce que vous avez investi dans la vie. Le cœur des autres vous revient toujours, un jour ou l'autre. Pour ceux et celles qui recherchent l'amour, il faut se demander si ils sont prêt(e)s à vivre une nouvelle relation. Voici quelques questions :

- Avez-vous connu récemment une rupture sentimentale?
- Éprouvez-vous encore de l'amour ou de la haine pour vos anciennes amours?
- Avez-vous une certaine tendance à ne pas vous aimer?
- Avez-vous de la difficulté à pardonner à vos anciennes flammes qui vous auraient blessé€?

Si vous répondez oui à une de ces questions, vous n'êtes peut-être pas tout à fait prêt(e) pour une nouvelle relation.

Que cherchez-vous vraiment dans une relation amoureuse?

La fusion et l'idylle amoureuse ?
La passion sexuelle ?
La sécurité garantie à vie?
Un remède à la solitude?

Aimer, c'est vouloir le bien de l'autre, tout le reste est de l'attachement. Se rencontrer ne suffit pas, il faut apprendre à se connaître et à connaître l'autre. L'amour n'est pas un jeu. L'amour ne signifie pas juste Aimer, mais aussi respecter l'Autre. Lorsque l'on n'est pas prêt à être en amour, on risque de blesser l'autre avec nos émotions instables, nos souvenirs douloureux, nos sentiments d'insécurité et notre manque de confiance. La relation pourrait aboutir à un nouvel échec et cela vous fera encore plus mal. Donc, je conseille aux gens de ne pas *énergiser* leur chance de mariage en utilisant les méthodes de Feng Shui, tant qu'ils ne sont pas prêts pour le mariage, et qu'ils ne sont pas sérieusement décidés à s'établir.

Secret : Les éléments aquatiques (fontaine, aquarium) situés au mauvais endroit dans la maison, peuvent causer l'infidélité. Faites toujours en sorte que les éléments aquatiques soient placés à la gauche de la porte de devant (en regardant vers l'extérieur) et non à droite.

Le Yin et Yang en amour

Tous les éléments de la terre sont également d'essence du Yin ou yang. La cosmologie de ces deux forces opposées mais complémentaires est la manière qu'ont les Chinois de concevoir l'univers. Le yin et le yang ont chacun leurs attributs, leur propre champ d'énergie magnétique. Chaque individu possède en lui une énergie plus yin ou plus yang. Dans une relation, parce que le yin et le yang sont complémentaires et s'attirent l'un vers l'autre, il sera donc important de savoir comment se comporter en dépendant de l'énergie de son partenaire pour que la relation soit plus harmonieuse.

Consultez la page 31 pour connaître si vous êtes yin ou yang.

Par exemple, si vous êtes né en 1950, vous êtes une personne yang et si vous êtes né en 1945, vous êtes yin.

Personne de type Yin

L'énergie Yin est associée à l'émotion, à la douceur, à l'imagination et à l'égocentrisme. Les individus Yin préfère suivre, plutôt que diriger. Ils aiment communiquer et partager leurs émotions. De nature émotive, ils privilégient les moments intimes, le romantisme, la beauté, les arts et la sensibilité. Ils sont souvent émotifs et accordent beaucoup d'importance aux détails. Ils sont patients, protecteurs et capables de dire non lorsque c'est nécessaire. Ils aiment recevoir et partager avec l'autre.

Personne de type Yang

L'énergie Yang est associée à la logique, au pouvoir et au contrôle. Les individus Yang préfèrent mener et prendre le contrôle de la situation. Ils aiment les nouvelles technologies, les gadgets, les sports. Ils n'aiment pas toujours être sollicités pour donner des conseils ou qu'on leur dicte quoi faire. Ils préfèrent agir, prendre les responsabilités et initier les actions. Ils protègent ceux qu'ils aiment et donnent plus que ce qu'ils reçoivent.

Étant donné que le Yin et le Yang se complètent, une personne Yin avec une personne yang aura plus de chance d'être heureuse en amour. Lorsque les deux partenaires sont yin, ils sont deux suiveurs. Donc, personne ne veut poser des gestes avant l'autre. La relation deviendra à long terme confuse et terne. Deux partenaires Yang auront pour leur part tendance de vouloir mener à tout prix, ils auront de la difficulté à faire des compromis et la communication entre eux sera difficile et ardue.

Il est important de rester vous-même et de maintenir votre type d'énergie. N'essayez pas de changer votre polarité, de yin en yang ou de yang en yin, pour vous adapter à l'autre. Cela pourrait être très néfaste à votre relation. Vous essaierez de compenser la faiblesse de l'autre et à la longue, la situation deviendra épuisante et frustrante.

Au lieu d'essayer de modifier votre propre énergie ou celle de votre partenaire, essayez plutôt de transformer votre demeure plus yin ou plus yang selon l'environnement que vous désirez créer. Cependant, il n'est pas conseillé de décorer la totalité de la maison en yin ou en yang. Si la maison est trop yin, l'énergie féminine est trop forte. Les femmes qui occupent la maison auront des difficultés à avoir des relations heureuses avec un homme. De même, lorsque la maison est décorée trop yang, elle sera dépourvue de l'énergie yin et l'homme aura de la difficulté de trouver l'amour.

Dans votre chambre à coucher, aménagez er décorez la pièce pour que l'énergie yin et yang soit balancée, favorisant ainsi l'harmonie et l'entente. Dans certaines pièces spécifiques de la maison, vous pouvez décorer plus yin ou plus yang selon vos besoins. Par exemple, si vous désirez améliorer la communication dans la salle à dîner, décorez la plus yang; pour un salon plus calme et relaxant, décorez plus yin. Si vous êtes une personne Yin de nature, décorez la pièce que vous fréquentez souvent plus yang pour créer en vous une énergie plus équilibrée et si vous êtes Yang, favorisez des décorations plus yin.

Voici les caractéristiques du Yin et du Yang .

YIN (pour un environnement plus calme, relaxant, réceptif, sensuel, féminin) :

Pièces dans la partie arrière de la maison;
Pièces de petite dimension;
Lumière tamisée;
Objets de décoration par pair (deux chandelles, deux tables de chevet);
Lumière dirigée vers le bas;
Les voiles, les tentures fleuries,   les rideaux;
Les tissus à motif, le velours, la dentelle;
Les carpettes, les tapis plains;
Meubles en osier ou en liège;
La couleur bleu, vert, violet, marron;
Les teintes pâles des murs;
Les canapés, les poufs, les coussins;
Plancher en bois clair;
Les formes courbes, arrondies et   ovales;
Les stores horizontaux;
Les pièces sombres.

YANG (pour un environnement plus stimulant, actif, créatif, animé, joyeux, masculin) :

Pièces dans la partie avant de la maison;
Pièces de grande dimension;
Lumière vive;
Nombre impair des objets de décoration (trois chandelles, trois fleurs);
Lumière vers le haut (torchère);
Les persiennes, les stores, les volets;

Les tissus unis, à ligne ou carreaux;

Les planchers durs, le ciment, le marbre, le granite;

Le bois dense, le verre, le métal;

Le rouge, l'orange, le jaune, le blanc;

Les teintes lumineuses;

Plancher en bois foncé;

Les formes carrées et géométriques;

Stores verticaux;

Pièce éclairée.

Secret : *L'un des éléments qui ne doit en aucun cas être utilisé dans la chambre, c'est l'eau. Du point de vue pratique, cela signifie qu'on ne doit pas y mettre un lit d'eau, un aquarium ou une fontaine. Les images de rivières, de cascades et de lacs doivent être retirées de la chambre. L'eau dans la chambre n'apporte pas la richesse. Elle convie la perte, la maladie et l'infidélité.*

Énergisez votre secteur d'amour

Le secteur sud-ouest est le secteur du matriarche et aussi le secteur de l'amour. Dans la tradition chinoise, l'amour, le mariage et la famille sont une seule et même chose. Ainsi, quand vous stimulez activement les éléments du secteur sud-ouest pour le mariage, vous activez aussi l'influence de la famille.

Il est préférable de ne pas *énergiser* l'influence propice au mariage tant que vous n'êtes pas prêt.

Lorsque ce secteur est activé, vous rencontrerez quelqu'un ou bien on vous présentera une personne dont le désir de fonder une famille sera aussi intense que le vôtre.

Si votre chambre à coucher est située au secteur sud-ouest, ce sera très bénéfique. Évitez que la toilette, la salle de bain ou la chambre de débarras soit placée au secteur sud-ouest.

Pour activer le secteur de l'amour, voici les objets que vous pouvez placer dans la pièce :

- Les cristaux et surtout les quartz roses qui émettent une fréquence astrale élevée, vous permettant ainsi d'élever vos vibrations personnelles pour attirer l'idylle amoureuse;
- Objets de décoration en terre cuite ou céramique : vases, figurines;
- Images de couple : deux oiseaux, deux dauphins, deux éléphants ou encore l'image d'un homme et d'une femme;
- Deux chandelles rouges;
- Deux lampes de ton rouge ou rose;
- Photo ou un tableau représentant l'image d'une pivoine;
- Une paire de canards mandarins de préférence en céramique de ton rouge, symbolisant l'amour éternel.

Secret : Savez-vous que chez une personne où il n'y a pas d'enfants, pas d'animaux, pas de plantes vertes, cela peut indiquer que la personne n'est pas prête à vivre avec quelqu'un d'autre ou à accepter les besoins des autres. D'ailleurs, lorsque la personne n'offre pas un goûter ou un verre à ses visiteurs, elle n'est pas en état de faire les nouvelles rencontres.

Connaissez mieux votre partenaire par les couleurs des vêtements

Ce n'est pas par hasard que vous choisissez une couleur en particulier pour vos vêtements ou vos accessoires de beauté (les bijoux par exemple). Les couleurs peuvent dévoiler vos besoins et vos traits de personnalité.

Couleur Rouge

La personne est vivante, animée, active et passionnée. Toutefois, elle est centrée sur elle-même, dominante et veut se sentir importante.

Couleur jaune

La personne est enjouée, observatrice, optimiste et loyale. Cependant, la couleur jaune peut dénoter une certaine fatigue et le déclin de certains aspects de sa vie.

Couleur Bleue

La personne est confiante, calme et relaxe. La personne a tendance à être égocentrique, apathique, distante, indépendante.

Couleur Verte

La personne est aventureuse et aime mener. Elle sait bien gérer ses problèmes. Cependant, elle a une certaine difficulté à se concentrer et à terminer ce qu'elle a entrepris.

Couleur Orange

La personne n'a pas peur de s'engager. Elle est souvent désintéressée et charitable de nature. Cependant, elle a de la difficulté à définir ses buts et à concevoir ses idées;

Couleur Pourpre

La personne a besoin de se faire remarquer et elle se fixe des objectifs élevés. Elle est attirée vers la spiritualité Elle cherche à se connaître;

Couleur Noire

La personne est courageuse et aime les défis. Toutefois, elle est insécurisée dans ses choix et dans ses décisions et laisse souvent le pessimisme la gagner;

Couleur Blanche

Elle ne se laisse pas décourager facilement et a beaucoup de confiance en elle. Cependant, elle a besoin d'attention et manque des engagements importants.

Secret : Les éclairages vifs ne sont jamais les bienvenus dans les chambres à coucher. Ils émettent une énergie yang excessive et conduisent simplement à des nuits sans sommeil, parce que le corps et le mental sont sur-stimulés. Ils ne conviennent guère pour attirer le genre d'idylle qui implique l'engagement. D'ailleurs, quand les lumières sont excessivement vives, l'élément feu amplifie la libido masculine.

Les roses, non merci!

Les roses rouges ont toujours symbolisé une expression universelle de l'amour et du romantisme. Le jour de la St-Valentin, des milliers de roses sont offertes pour souligner l'amour qu'on a pour quelqu'un. Cependant, en Feng Shui, les fleurs rouges foncées ont le plus souvent une connotation négative. Pour les amants, elles indiquent que la relation finira bientôt.

Il importe de noter que ce ne sont pas les roses qui portent malchance. C'est la couleur rouge et les épines qui ensemble sont considérés comme négatives. Les roses rouges avec les épines envoient en réalité un double message, qui a un impact négatif sur les relations amoureuses. La relation entre la personne qui donne et celle qui reçoit ne tardera pas à se terminer. Donc, il faudra enlever les épines pour éviter des influences négatives.

Je vous suggère des roses jaunes plutôt que les roses rouges. Et n'oubliez pas d'enlever les épines évidemment. En effet, pour renforcer votre relation amoureuse, envoyez des fleurs à votre bien-aimé, choisissez des fleurs jaunes ou des roses jaunes sans épine. La couleur jaune symbolise la terre, la stabilité et la fidélité.

Il est toujours bénéfique d'avoir des fleurs dans une maison, étant donné qu'elles renouvellent l'énergie de la maison et apportent la joie et le développement de votre relation. N'oubliez pas de jeter les fleurs aussitôt qu'elles sont fanées. Ne jamais garder chez vous les fleurs séchées : elles représentent la mort.

Secret : *Si vous avez une relation distante avec votre partenaire amoureux, placez un gros coquillage dans le secteur sud-ouest de votre chambre. Ce symbole aura comme but de multiplier les chances de vous réunir.*

Le Feng Shui pour la fidélité

L'infidélité est souvent causée par un mauvais Feng Shui. En effet, le Feng Shui de l'amour contribue à nourrir et à faire croître les bons sentiments dans un environnement propice à un bonheur toujours croissant.

Voici les choses à éviter et ce pour prévenir l'infidélité.

1) Ne pas avoir de fleurs fraîches dans une chambre :

Les fleurs et les plantes appartiennent à l'élément Bois et ont une énergie yang qui dérange le sommeil et trouble la relation entre deux amoureux. Évitez surtout les fleurs rouges qui signifient la fin d'une relation. D'ailleurs, lorsqu'on place des fleurs dans une chambre, l'homme aura tendance à regarder les autres femmes.

2) Pas d'ordinateur dans la chambre :

Les ordinateurs appartiennent à l'élément métal et le métal épuisera l'énergie de l'amour (terre) nécessaire pour nourrir et améliorer le partenariat. N'ayez rien dans votre chambre qui a trait à votre bureau, autrement votre relation se refroidira à coup sûr.

3) Miroirs mal placés :

Les miroirs placés directement face au lit ou encore des deux côtés du lit sont la cause principale de l'irruption de tiers dans les ménages.

Plus les miroirs sont grands, plus ils peuvent être nuisibles pour votre relation de couple. Les miroirs au plafond sont aussi néfastes. Les miroirs qui font partie des tables de maquillage ne doivent pas non plus être en face du lit. Le meilleur moyen de résoudre le problème sera de les enlever. Si ce n'est pas possible, cachez-les au moins avec une lourde tenture et laissez-les recouverts toute la nuit.

4) Les images d'eau :

L'un des éléments qui ne doivent en aucun cas être utilisés dans la chambre, c'est l'eau. Du point de vue pratique, cela signifie qu'on ne doit pas y mettre un lit d'eau, un aquarium ou une fontaine. Les images de rivières, de cascades et de lacs doivent être retirées de la chambre. L'eau dans la chambre n'apporte pas la richesse. Elle convie la perte, la maladie et l'infidélité.

5) L'emplacement des éléments aquatiques :

L'eau est certes le meilleur élément à activer pour la richesse, mais pour le Feng Shui du mariage, elle peut créer de grands ravages. Si vous avez un élément aquatique, telle une fontaine ou un aquarium, quelque soit le secteur qu'il occupe, faites en sorte qu'il ne soit pas à droite de la porte d'entrée principale. Il faut qu'il soit à gauche (en regardant dehors depuis la porte), que l'eau soit à l'extérieur ou à l'intérieur. Si vous placez l'élément aquatique à droite de votre porte d'entrée principale, votre conjoint risque de vous tricher.

6) Pas de photos des amis :

La chambre de maître est réservée à l'intimité du couple. Ne pas mettre de photos de vos enfants, celle de vos parents ou de vos ami(e)s. Ne laissez pas les énergies des autres interférer dans votre relation.

Secret : Le phénix est un excellent symbole pour les hommes célibataires qui cherchent l'amour. Cette merveilleuse créature céleste signifie l'énergie yin féminine, mais c'est aussi une créature très yang. Ne placez pas l'image d'un phénix dans votre chambre. Il est préférable d'avoir une peinture représentant le Phénix dans le salon. Si vous ne trouvez pas d'image de phénix, un oiseau au plumage coloré comme un coq fera tout aussi bien l'affaire.

Positionner le lit pour l'amour

Le mauvais emplacement du lit nuit non seulement à votre santé, mais aussi à votre relation de couple. Le lit mal situé dans la chambre peut provoquer des querelles et de l'incompréhension et vous risquerez de vivre une relation amoureuse difficile.

Le meilleur endroit pour placer un lit dans une chambre, c'est dans le secteur diagonalement opposé à la porte d'entrée.

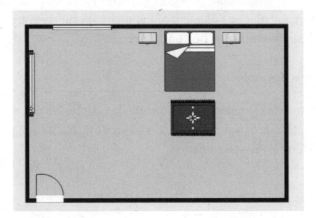

Il faut que le chevet soit bien adossé contre le mur. Évitez de placer votre lit directement en face d'une porte. Pour favoriser l'amour, essayez, si c'est possible, de placer votre tête de lit dans votre direction de l'amour (nien yen). Pour déterminer les directions nien yen, il faut que vous connaissiez votre chiffre Kua (consultez la page 31).

Voici vos directions de l'amour :

Votre chiffre Kua est 1 : Sud

Votre chiffre Kua est 2 : Nord-ouest

Votre chiffre Kua est 3 : Sud-est

Votre chiffre Kua est 4 : Est

Votre chiffre Kua est 6 : Sud-ouest

Votre chiffre Kua est 7 : Nord-est

Votre chiffre Kua est 8 : Ouest

Votre chiffre Kua est 9 : Nord

Si vous êtes une femme et vous désirez avoir des enfants, vous devriez placer votre tête de lit dans votre direction « nien yen » pour favoriser la procréation.

Secret : Le son de la musique du violon exprime non seulement l'extase sexuelle matrimoniale, mais aussi, l'amitié entre le patriarche et la matriarche. Par la pureté et la modération du son, on associe au violon huit attributs : la douceur, l'élégance, l'harmonie, la résonnance, le bonheur, la force, la nostalgie et la subtilité. Si vous accrochez une peinture représentant une femme jouant de cet instrument, le bonheur conjugal sera favorisé. L'emplacement suggéré sera dans le salon.

La meilleure compatibilité en amour

Selon l'astrologie chinoise, partenariat et mariage entre ceux qui sont nés sous des signes dont l'affinité est forte auront une meilleure chance de succès.

D'abord, découvrez votre signe d'astrologie chinoise selon votre année de naissance.

RAT : 1912, 1924,1936, 1948, 1960, 1972, 1984, 1996

BUFFLE : 1913, 1925,1937, 1949, 1961, 1973, 1985, 1997

TIGRE : 1914, 1926, 1938, 1950, 1962, 1974, 1986, 1998

CHAT : 1915, 1927, 1939, 1951, 1963, 1975, 1987, 1999

DRAGON : 1916, 1928, 1940, 1952, 1964, 1976, 1988, 2000

SERPENT : 1917, 1929, 1941, 1953, 1965, 1977, 1989, 2001

CHEVAL : 1918, 1930, 1942, 1954, 1966, 1978, 1990, 2002

CHÈVRE : 1919, 1931, 1943, 1955, 1967, 1979, 1991, 2003

SINGE : 1920, 1932, 1944, 1956, 1968, 1980, 1992, 2004

COQ : 1921, 1933, 1945, 1957, 1969, 1981, 1993, 2005

CHIEN : 1922, 1934, 1946, 1958, 1970, 1982, 1994, 2006

COCHON : 1923, 1935, 1947, 1959, 1971, 1983, 1995, 2007

RAT (1912, 1924,1936, 1948, 1960, 1972, 1984, 1996)

Meilleure compatibilité :

Avec un SINGE

Installés dans leur monde matérialiste, ils partagent les mêmes valeurs et poursuivent les mêmes ambitions. Chacun tolérera les défauts de l'autre. Ils partageront les mêmes plaisanteries, viseront les mêmes objectifs et renforceront leur confiance mutuelle. Ensemble, ils connaîtront une grande réussite et passeront du bon temps.

Avec un DRAGON

Le Rat est attiré par le dynamisme, la force de l'affluence et l'enthousiasme du dragon. Il y aura confiance mutuelle et aucune jalousie entre eux. Ce couple unit l'énergie vitale du dragon à l'ingéniosité du Rat, chacun renforçant efficacement les forces et les capacités de l'autre. Ensemble, ils font un couple vraiment magnifique.

BUFFLE (1913, 1925,1937, 1949, 1961, 1973, 1985, 1997)

Meilleure compatibilité

Avec un SERPENT

Tous les deux apprécieront la synergie inhérente à leur union, et le soutien qu'ils se donnent mutuellement intensifiera leur relation au fil des ans. Leur relation est à l'abri des influences extérieures, et l'engagement mutuel qu'ils observent sera fort et durable. Ce sera une relation très bénéfique.

Avec un COQ

Tous deux sont ambitieux et déterminés à faire de leur mariage une réussite. Le coq comprend la façon dont le mental du Buffle opère et accepte que le Buffle n'aime pas être bousculé. Tous deux sont pratiques, prêts à se sacrifier pour leur mieux-être. Leur engagement mutuel est durable et réussi.

TIGRE (1914, 1926, 1938, 1950, 1962, 1974, 1986, 1998)

Meilleure compatibilité :

Avec le CHEVAL

Ce sont deux tempéraments enflammés et volatiles. Leurs natures impulsives, agitées, énergiques correspondent parfaitement, et il y a une compréhension mutuelle de leurs tempéraments respectifs. Dans leur vie commune, ils sont tous deux de magnifiques risque-tout et en amour, il n'y a que la passion qu'ils puissent comprendre. C'est une relation qui ne manque pas de surprises.

Avec le CHIEN

Le Chien comprend très bien la nature impétueuse du tigre et est heureux d'être indulgent. Il y a beaucoup de respect mutuel dans cette relation. C'est un couple plein d'affection. Dans le couple, c'est le Tigre qui mène mais le Chien ne se tracasse pas pour cela. Leur affinité naturelle adoucit le contact du Tigre, et le Chien est content de laisser le tigre aux commandes.

CHAT (1915, 1927, 1939, 1951, 1963, 1975, 1987, 1999)

Meilleure compatibilité :

Avec la CHÈVRE

Bien que leur relation soit un peu tumultueuse au début, leur union sera solide et formidable. Le Chat fera ressortir habilement tous les talents de la Chèvre, avec une combinaison de tendresse et d'amour authentique.

La Chèvre est capable d'apaiser et de corriger les tendances du Chat à l'abattement et à la dépression en lui manifestant beaucoup d'enthousiasme et de confiance. Bref, ce sera une relation merveilleuse.

Avec le COCHON

Tous deux pensent de la même façon et leur affinité naturelle les rend semblables dès le commencement. Ils se mettent à découvrir leurs talents mutuels, ils s'entendent à merveille. Ils forment une équipe formidable. Chacun fait ressortir le meilleur chez l'autre, et quand l'un des deux trébuchera, l'autre sera toujours là pour le soutenir.

DRAGON (1916, 1928, 1940, 1952, 1964, 1976, 1988, 2000)

Meilleure compatibilité :

Avec le SINGE

Le Dragon admire l'ingénuité du Singe tandis que le singe admire le courage et la force du Dragon. Ils forment un couple spécial parce que leurs affinités naturelles en font des alliés naturels. En amour, ils s'inspirent et se passionnent mutuellement. Ils forment inévitablement une équipe imbattable.

Avec le RAT

Dans cette relation, l'un amplifiera la puissance et la substance de l'autre. L'énergie vitale du Dragon s'unit brillamment à l'astuce du Rat. Le Rat est attiré par le charisme et la force du Dragon. Il se sent en sécurité avec le Dragon. Ensemble, ils sont des amoureux formidables.

SERPENT (1917, 1929, 1941, 1953, 1965, 1977, 1989, 2001)

Meilleure compatibilité :

Avec le COQ

Ils ont tous les deux une formidable intelligence. Le Serpent est intuitif, le Coq pratique. Le Serpent est stratégique et opportuniste tandis que le Coq est tenace, décideur et preneur de décision. En amour, ils restent dévoués et vrais l'un envers l'autre. Ils forment un couple vraiment très passionné.

Avec le BUFFLE

Tous deux apprécient la synergie inhérente à leur union et le soutien qu'ils s'apportent mutuellement se renforcera avec   les années. Avec le Buffle, le Serpent trouve une relation enrichissante et irrésistible. Aucune tierce partie ne viendra troubler leur relation, c'est une union qui est forte et durable.

CHEVAL (1918, 1930, 1942, 1954, 1966, 1978, 1990, 2002)

Meilleure compatibilité :

Avec Le CHIEN

Il y a une bonne coopération et communication entre eux. Il y a beaucoup de respect entre eux. Aucun d'eux n'essaiera de dominer l'autre et leur affinité naturelle fait qu'ils se font implicitement et mutuellement confiance. Ils se consacrent l'un à l'autre le plus clair de leur temps, tous deux étant des êtres humains sensibles et rationnels. Bref, une relation sympathique et paisible.

Avec le TIGRE

Ils acquièrent et entretiennent une passion l'un pour l'autre et leurs tempéraments s'accordent à la perfection. Leur sens de l'aventure nourrit des plans grandioses. Tous deux sont naturellement attirés l'un par l'autre, par leurs natures impulsives, agitées et énergiques. Ils acquièrent et entretiennent une passion l'un pour l'autre, et leurs tempéraments s'accordent à la perfection. C'est une union passionnée et stimulante.

CHÈVRE (1919, 1931, 1943, 1955, 1967, 1979, 1991, 2003)

Meilleure compatibilité :

Avec le CHAT

Malgré que le début de leur relation soit un peu tumultueux, leur union sera solide et formidable. Le Chat fera ressortir habilement tous les talents de la Chèvre, avec une combinaison de tendresse et d'amour authentique. Tandis que la Chèvre est capable d'apaiser et de corriger les tendances du Chat à l'abattement et à la dépression en lui démontrant beaucoup d'enthousiasme et de confiance. Bref, ce sera une relation merveilleuse

Avec le COCHON

En amour, ils aiment les plaisirs simples, et ne succombent pas aux distractions, ni ne s'égarent. La loyauté préside à cette relation. L'affinité naturelle entre la Chèvre et le Cochon se reflète dans leur intérêt mutuel et leur patience. Ils vivront une relation simple, douce, heureuse et sans heurts.

SINGE (1920, 1932, 1944, 1956, 1968, 1980, 1992, 2004)

Meilleure compatibilité :

Avec le RAT

Installés dans leur monde matérialiste, ils partagent les mêmes valeurs et poursuivent les mêmes ambitions. Chacun tolérera les défauts de l'autre. Ils partageront les mêmes plaisanteries, viseront les mêmes objectifs et renforceront leur confiance mutuelle. Ils connaîtront une grande réussite et passeront ensemble du bon temps.

Avec le DRAGON

Le Dragon admire l'ingénuité du Singe tandis que le singe admire le courage et la force du Dragon. Ils forment un couple spécialement parce que leur affinité naturelle en fait des alliés naturels. En amour, ils s'inspirent et se passionnent mutuellement. Ils forment inévitablement une équipe imbattable.

COQ (1921, 1933, 1945, 1957, 1969, 1981, 1993, 2005)

Meilleure compatibilité :

Avec le SERPENT

Ensemble, ils forment un couple efficace. Ils ont une intelligence formidable, mais le Coq est pratique et le Serpent intuitif. Ils ont les mêmes goûts et s'adorent tout simplement. En amour, ils se vouent l'un à l'autre. Ils forment vraiment un couple passionné.

Avec le BUFFLE

Tous les deux apprécieront la synergie inhérente à leur union, et le soutien qu'ils se donnent mutuellement intensifiera leur relation au fil des ans. Leur relation est à l'abri des influences extérieures, et l'engagement mutuel qu'ils observent sera fort et durable. Ils sont ambitieux et déterminés, ils feront tout leur possible pour que leur ménage soit brillant. Ce sera une relation très bénéfique.

CHIEN (1922, 1934, 1946, 1958, 1970, 1982, 1994, 2006)

Meilleure compatibilité :

Avec Le CHEVAL

Il y a une bonne coopération et communication entre eux. Il y a beaucoup de respect entre eux. Aucun d'eux n'essaiera de dominer l'autre, et leur affinité naturelle fait qu'ils se font implicitement et mutuellement confiance. Ils se consacrent l'un à l'autre le plus clair de leur temps, tous deux étant des êtres humains sensibles et rationnels. Bref, une relation sympathique et paisible

Avec le TIGRE

Le Chien comprend très bien la nature impétueuse du tigre, et est heureux d'être indulgent. Il y a beaucoup de respect mutuel dans cette relation. C'est un couple plein d'affection. Dans le couple, c'est le tigre qui mène mais le Chien ne se tracasse pas pour cela. Leur affinité naturelle adoucit le contact du Tigre et le Chien est content de laisser le tigre aux commandes.

COCHON (1923, 1935, 1947, 1959, 1971, 1983, 1995, 2007)

Meilleure compatibilité :

Avec la CHÈVRE

En amour, ils aiment les plaisirs simples, et ne succombent pas aux distractions, ni ne s'égarent. La loyauté préside à cette relation. L'affinité naturelle entre la Chèvre et le Cochon se reflète dans leur intérêt mutuel et leur patience. Ils vivront une relation simple, douce, heureuse et sans heurts.

Avec le CHAT

Tous deux pensent de la même façon et leur affinité naturelle les rend semblables dès le commencement. Ils se mettent à découvrir leurs talents, ils s'entendent à merveille. Ils forment une équipe formidable. Chacun fait ressortir le meilleur chez l'autre, et quand l'un deux trébuchera, l'autre sera toujours là pour lui tendre une main secourable et son aide.

Secret : Vous pouvez utiliser le rituel des miroirs pour faire revenir la personne aimée. Ce rituel sera efficace seulement si votre relation avec cette personne est jugée bénéfique pour vous. Voici ce qu'il faut faire : en premier lieu, vous aurez besoin de quatre petits miroirs; ensuite, prenez une photo de la personne concernée, de préférence prise à l'extérieur. Seul le visage doit être visible. Ne prenez pas de photos déjà encadrées. Puis, prenez une photo de vous dans une position identique. Collez votre photo au dos d'un petit miroir (rond de préférence, sinon, il peut être rectangulaire), et placez la photo de votre amoureux au dos de l'autre miroir. Assemblez ensuite les deux miroirs pour que vos photos se fassent face. Vous placez ensuite un autre miroir à chaque côté et la face réfléchissante vers l'intérieur. Attachez-les avec un ruban rouge. Attendez la nuit de la pleine lune, sortez-les à l'extérieur et faites les briller sous la lune. Ensuite, vous les placerez en dessous de votre oreiller jusqu'à ce que la personne aimée vous revienne. Une fois le résultat obtenu, jetez le tout.

Je veux recommencer ma vie affective

Avant de commencer une nouvelle relation, il sera important de savoir ce que vous recherchez ou ce que vous désirez dans celle-ci. Mais il faut se demander si vous êtes vraiment prêt(e) à être en amour.

Vous arrive-t-il d'avoir une de ces pensées :

Vous avez de la difficulté à oublier votre passé amoureux;
Vous éprouvez encore de la rancune à l'égard de vos ex-partenaires amoureux;
Vous n'avez pas eu la chance et le temps nécessaire de guérir émotionnellement après un divorce ou une séparation;
Vous avez de la difficulté à vivre seul(e);
Vous vous sentez coupable parce que vous avez quitté celui ou celle que vous avez aimé(e);
Vous souhaitez que votre amoureux revienne;
Vous êtes jaloux (se) lorsque vous apprenez que votre ex-partenaire amoureux sort avec une nouvelle personne;
Vous blâmez l'univers pour ce qui vous est arrivé;
Vous regrettez de ce que vous avez dit ou pensé au sujet de votre ex;
Vous doutez que vous puissiez trouver un nouveau partenaire amoureux qui vous convient;

Si une de ces affirmations vous concerne, c'est tout à fait normal car vous êtes un être humain. Cependant, vous ne serez pas prêt(e) à vivre une nouvelle relation aussi longtemps que vous nourrirez ces idées.

En Feng Shui, il est possible d'enlever les émotions stagnantes et négatives qui se logent dans votre cœur et votre tête en renouvelant l'énergie de votre demeure.

Voici mes recommandations pour repartir à neuf :

• Avoir un lit neuf :

Lorsque la relation est terminée, il n'est pas recommandé que vous continuiez à dormir dans le lit que vous avez partagé avec votre ex durant des mois ou encore des années. En dormant dans un nouveau lit, vous vous détachez des énergies appartenant à vos anciennes relations. N'oubliez pas que vous passez le tiers de votre vit dans le lit.

Il est extrêmement important que l'énergie sur la quelle vous vous reposez soit saine et positive.

Ne pas acheter un lit usagé. Si vous voulez garder votre lit, vous devriez changer au moins le sommier et le matelas. S'il vous est impossible de changer le lit, je vous recommande d'avoir les nouveaux oreillers, les nouveaux draps et taies d'oreillers ainsi qu'un nouveau couvre-lit.

• Nettoyer le dessous du lit :

Tous les objets que vous mettez en dessous de votre lit empêchent l'énergie de circuler dans votre chambre. Enlevez tous les objets qui appartiennent à l'ancienne relation : photos, souvenirs etc.

• Changer l'emplacement de la chambre à coucher :

Le fait de dormir dans une autre pièce vous permettra de faire la transition vers une nouvelle énergie et de vous débarrasser de l'attachement au passé. N'oubliez pas de décorer cette pièce pour que vous y soyez confortable et à l'aise même si c'est temporaire. Si vous ne pouvez pas changer de chambre, vous devez nettoyer à fond votre chambre :

- Lavez les fenêtres;
- Aspirez et nettoyez le plancher;
- Videz vos gardes robes et les armoires; lavez tout le linge;

- Époussetez les meubles;
- Nettoyez tous les objets de décoration dans votre chambre, tels les tableaux, les bibelots etc.

• Ouvrir les fenêtres :

Un des moyens les plus efficaces pour assainir l'énergie sera d'ouvrir les fenêtres de votre chambre au moins 15 minutes par jour. Le meilleur temps sera entre 23h00 et 1h00 le matin. C'est l'heure où le Chi de la journée change. Vous n'avez pas besoin de les ouvrir complètement. Laissez-les légèrement entrouvertes.

Secret : Les améthystes, cristaux puissants, confèrent l'harmonie aux relations. Placez les améthystes sous le lit conjugal, fixés aux deux pieds du lit, afin d'assurer la fidélité entre les époux.

SECRET 62

Purifiez votre demeure avec les fleurs

Après une séparation ou un divorce, nous vivons souvent des moments de peine et de tristesse. Il sera important de purifier votre demeure, surtout votre chambre de façon à nettoyer les énergies malsaines et à renouveler les énergies vitales dont vous aurez besoin pour être heureux à nouveau.

La purification par les fleurs est très efficace pour élever le niveau d'énergie et la rendre plus tonifiante. Les fleurs, par leur fragrance et leur fraîcheur, ramènent la joie et la chance dans notre demeure.

Voici ce que vous avez à préparer :

Jour 1 : Placez un bouquet de fleurs fraîches dans un vase situé dans le votre salon. Choisissez des fleurs qui dégagent une bonne odeur. Laissez les sur place pendant trois jours. Changez l'eau à tous les jours.
Jour 4 : Placez un nouveau bouquet de fleurs fraîches dans votre chambre à coucher et ce pendant trois jours. Changez l'eau régulièrement.
Jour 7 : Placez un nouveau bouquet de fleurs fraîches dans la cuisine pendant trois jours.

Après les dix jours, répétez le même processus deux autres fois. Donc, en tout vous aurez besoin de neuf bouquets de fleurs pour les trois cycles. N'oubliez pas de changer la variété des fleurs à chaque cycle.

Secret : Placer des objets de décoration en argent au secteur Nord-Ouest de votre demeure ou de votre chambre vous encouragera, vous et votre bien aimée, à prendre votre relation au sérieux.

Comment avoir une vie sociale plus active

En Feng Shui, l'élément Eau est associé à la saison d'hiver et aux émotions. Il y a deux sortes d'eau : l'eau stable et l'eau mobile. L'eau stable symbolise la sagesse, la compréhension et la clarté d'esprit. Lorsque cette énergie est forte, vous aurez une meilleure vision de votre vie et vous aurez de meilleurs jugements.

L'eau mobile est associée à la prospérité et à la vie sociale. Lorsque le courant d'eau est actif et fort, vous établirez beaucoup de contacts et les rencontres seront faciles. Dans le cas contraire, lorsque l'eau se déplace trop lentement, vous n'aurez pas envie de sortir ou de fréquenter les gens. Vous devez porter une attention particulière au secteur Nord de votre demeure. Suspendez-y une boule de cristal de 3-5 cm de diamètre.

Installez une belle fontaine, laissez-la en marche 24 heures par jour et n'oubliez pas de remplacer l'eau régulièrement. Des objets en verre sont aussi recommandés dans ce secteur. Décorez ce secteur avec des tableaux représentant une belle rivière ou suggérant la convivialité : un café bistro par exemple.

Pour activer votre vie sociale, il est important de faire de la place chez vous pour recevoir de nouvelles opportunités. Vous aurez intérêt à nettoyer les débarras et à ne pas conserver des objets dont vous n'avez plus besoin : chaussures, vêtements, meubles, jouets, livres, journaux, magazines, CD, etc.

Il est important que chacune des pièces de votre demeure ne soit pas trop encombrée ou en désordre. Si le secteur Nord de votre demeure est rempli de débarras, vous aurez beaucoup de difficulté à vous faire de nouveaux amis.

Voici d'autres recommandations qui seront utiles pour vous aider à élargir votre réseau de contact :

- **Embellissez votre entrée**

En effet, l'entrée de votre demeure est à votre image. Les gens vous perçoivent à partir de cette image. D'ailleurs, c'est l'endroit où le Chi entre chez vous. Votre entrée doit être belle, invitante et accueillante. Claire, spacieuse, propre et nette, elle nous met de bonne humeur. Plantez des belles fleurs de ton rouge et jaune dans la partie avant de la maison. Sinon, placez de chaque côté de la porte d'entrée un pot de fleur qui attire le bon Chi.

Veillez à ce que les marches qui mènent jusqu'à chez vous ne soient pas endommagés. Votre porte d'entrée doit être belle, propre et en parfait état. Vérifiez si la sonnette de votre porte fonctionne bien et assurez-vous que le numéro civique soit visible à partir des deux côtés de la rue.

- **Renforcez votre téléphone**

Pour vous aider à avoir plus d'opportunités de rencontrer plus de gens, vous pouvez renforcer le pouvoir de votre téléphone :

- Placez le téléphone au secteur sud-ouest de votre demeure ou de votre chambre;
- Préférez des téléphones rouges, roses, bleus ou noirs;
- Placez un tissus rouge, noir ou bleu foncé sous le téléphone;

- Suspendez une boule de cristal au dessus de votre téléphone;
- Si vous avez un téléphone sans fil, essayez de répondre aux appels dans le secteur sud-ouest de votre demeure;

• Répondez aux annonces

Aujourd'hui, avec l'Internet, vous avez accès à plusieurs sites de rencontre. Pour obtenir plus de succès dans vos démarches de rencontres, je vous suggère de :

- Répondre à une, trois ou neuf annonces par jour durant 9 jours consécutifs;
- Répondre à une annonce ou à trois annonces pour 27 jours consécutifs;
- Répondre à neuf annonces par semaine pour neuf semaines consécutives.

Pour chacune des annonces auxquelles vous répondrez, découpez l'annonce, placez-la dans une enveloppe rouge et gardez cette enveloppe au secteur sud-ouest. Lorsqu'il est temps de téléphoner à la personne qui a placé l'annonce, habillez-vous en rouge, en rose, en noir ou encore en bleu foncé.

Secret : Des oies figurant par couple sur une assiette, un paravent ou un tableau, placées au secteur sud-ouest de votre salle de séjour, favoriseront une relation aimante et durable pour votre couple.

Votre chambre à coucher, la pièce maîtresse

Votre chambre à coucher est la pièce à laquelle vous devez porter une attention particulière si vous désirez être heureux (se) en amour. En effet, la chambre est associée à la passion, à la sexualité, à l'intimité et à la communication. Lorsque le chi circule bien dans votre chambre et que l'énergie y est positive, vous pouvez espérer une vie affective heureuse et harmonieuse.

Pour renforcer le Chi de l'amour dans votre chambre, voici les éléments à retenir :

- Éviter de peinturer la chambre en blanc. La couleur blanche est froide et signifie souvent les besoins insatisfaits;
- Décorez la pièce avec des tableaux représentant les images de couple;
- Si vous avez des miroirs dans la chambre, préférez ceux de forme ronde ou ovale qui suggère l'union. Cependant, il faut se rappeler qu'il ne faut pas placer les miroirs en face du lit;

- Utilisez les symboles de l'amour : deux canards mandarins, deux papillons, symbole de double bonheur ou encore l'image de la pivoine;
- Placez les objets par paire : deux roses, deux chandelles, deux oiseaux, deux cœurs etc.
- Ayez deux tables de nuit et deux lampes appareillées;
- Préférez le ton rose : drap rose, coussins roses etc.

- Enlevez de la chambre les photos de vos enfants. Aussi longtemps que vous gardez les photos de vos enfants dans votre chambre, vous vous sentirez coupables d'avoir une nouvelle relation;
- Évitez les images de l'eau dans la chambre : rivière, lac, chute etc.;
- Réservez un coin dans votre chambre où vous pouvez y placer un sofa de deux places;
- Enlevez les photos des gens décédés;
- Évitez de placer des fleurs séchées ou un cactus dans votre chambre;
- Ne pas dormir en dessous des poutres.

Secret : Si vous ne parvenez pas à établir de relation et que vous voulez entreprendre quelque chose de drastique pour y parvenir, peignez le mur sud-ouest de votre chambre ou de votre demeure en rouge vif.

Problèmes de communication dans un couple

En Feng Shui, la communication est très importante dans une relation. Voici, les causes fréquentes des problèmes de disputes dans un couple :

1) Portes qui se heurtent :
   Quand une porte touche physiquement à une autre, peu importe le degré d'ouverture, on appelle cela des portes conflictuelles qui peuvent provoquer des disputes, des conflits, des malentendus entre les occupants de la maison.

2) Conflit entre l'eau et le feu :
   L'élément eau et l'élément feu ne vont pas ensemble. Lorsque la cuisinière est placée en face d'un évier ou quand le frigo est placé juste à côté de la cuisinière, vous faites face à un problème de conflit entre ces deux éléments. Je vous suggère de placer un élément en bois entre eux (soit une planche en bois, une plante verte ou encore un tapis de ton vert entre l'évier et la cuisinière).

3) Trop d'images de trois :
   Les images de trois personnes ou des objets impairs (3, 5 etc.) créent trop d'énergie Yang qui augmente la tension et le stress. Je vous suggère de ne pas exposer en grande quantité des photos de trois personnes ou des objets de décoration impairs, par exemple, chandelier à trois chandelles. Dans une chambre à coucher, privilégiez des objets par paire pour harmoniser la communication.

4) Portes qui se bloquent :
   Des portes qui ne s'ouvrent pas facilement, ne fonctionnent pas correctement ou se coincent au contact du sol ou de leur embrassure empêchent l'énergie de circuler harmonieusement et causent la désharmonie.

Secret : Évitez d'activer les symboles de l'amour dans votre bureau de travail, par exemple les images de pivoine. Ils sont excellents dans la maison, mais non au travail. Vous courrez alors le risque de faire naître par inadvertance des situations débouchant sur des scandales ou des indiscrétions.

Comment trouver le bon partenaire amoureux?

Le secteur Ouest est associé à la romance et la réalisation de vos projets et désirs. Je vous recommande donc de placer les objets de ton rose au secteur ouest de votre demeure, par exemple des fleurs roses ou encore deux cœurs rouges.

Je conseille souvent à mes amies célibataires de visualiser fortement le genre de compagnon qu'elles veulent rencontrer. Ayez une image claire et forte du partenaire idéal que vous souhaitez avoir. Tant que vous n'y aurez pas pensé avec précision, vos propres énergies intérieures ne vous aideront pas à attirer quelqu'un qui vous rendra heureuse.

Pour vous aider à choisir le bon partenaire amoureux, je suggère de vous concentrer sur le genre de partenaire que vous recherchez. Essayer de définir les traits physiques et les qualités que vous souhaitez retrouver chez votre prochain amoureux. Soyez clair(e) pour sur les différents traits qui vous importent. Doit-elle être jolie? La grandeur de la personne est-elle importante? Y-a-t-il une caractéristique physique que vous ne pouvez pas supporter? Y-a-t-il des habitudes qui vous dérangent? Le genre humain a une extraordinaire diversité. Il n'est pas impossible de concevoir l'homme parfait, la femme parfaite.

Inscrivez les résultats sur une feuille rose avec un crayon rouge. À la fin de la citation, vous écrivez « MERCI » comme si vous aviez déjà trouvé. Placez cette feuille au secteur ouest de votre demeure ou encore au coin ouest de votre chambre. N'oubliez pas de garder le secteur ouest de votre demeure propre et ordonné. Sinon, vous aurez de la difficulté de trouver le bon partenaire amoureux.

D'ailleurs, vous pouvez aussi activer les secteurs sud-est et sud-ouest de votre maison pour obtenir les énergies positives de la créativité et de l'amour.

Vous pouvez placer une belle fontaine d'eau ou un bol d'eau fraîche au sud-est pour augmenter votre positivisme. Tandis que vous intensifiez assez fortement le secteur sud-ouest, l'influence bénéfique de la terre vient résolument à votre aide, pour ce qui est du mariage et de la famille.

Je vous suggère donc de placer une lumière vive au secteur Sud-ouest de votre demeure et brûlez-y des chandelles rouges à tous les jours. Évitez de placer des plantes vertes qui nuisent beaucoup à l'énergie de la terre associée au secteur sud-ouest.

Si le Feng Shui de votre secteur sud-ouest est affligé par la présence de toilettes ou de salle de bain, une bonne part de votre chance de mariage s'écroule chaque jour. De même, si la cuisine se trouve au secteur sud-ouest, elle fait pression sur votre heureuse influence de mariage.

Dans votre chambre à coucher, assemblez les objets par paire : deux tables de nuit, deux lampes pareilles, deux chandelles etc. Retirez les photos de personnes seules. Préférez un sofa de deux places (causeuse) plutôt que des chaises seules dans votre chambre. Vous devriez vous débarrasser de tous objets appartenant à vos anciens partenaires amoureux. Décorez le mur sud-ouest de votre chambre avec une belle illustration de pivoine et ayez une paire de canards mandarins en céramique ou en terre cuite pour renforcer l'énergie du couple.

Secret : Portez le symbole du double bonheur en bijou ou tissé dans les motifs de vêtements afin d'attirer la chance au mariage. C'est l'un des plus importants symboles d'amour. Notez toutefois qu'il représente le mariage. Les personnes qui ne sont pas prêtes à s'engager ne doivent pas s'en servir. En Feng Shui, il n'y a pas d'aventures passagères, l'amour et l'idylle équivalent toujours au mariage et à la famille.

Rituels pour un amour heureux

Si vous êtes déjà en couple, ou pour trouver l'amour si vous êtes célibataire, voici quelques rituels de l'amour qui sont très efficaces pour renforcer votre relation affective.

• Symboles de fidélité :

Selon la culture chinoise, une paire de canards mandarins est un symbole de fidélité, d'honnêteté et de longévité. Une paire de papillons est un autre symbole du bonheur conjugal. Placez ces symboles dans votre chambre ou au secteur sud-ouest de votre demeure.

• Unir l'énergie de l'amour :

L'énergie du couple nouvellement marié est très bénéfique pour ceux qui veulent renforcer leur vie affective. Pour ce faire, vous devez trouver neuf objets personnels dont vous vous servez souvent, par exemple, vos clés, votre bague, vos bijoux, votre stylo etc. Ces items doivent vous appartenir et vous devez les utilisez en permanence. Le rouge à lèvre est un effet personnel, mais vous le jetterez après quelques mois. Donc, vous ne pouvez pas l'inclure dans les neufs objets. Demandez aux mariés de toucher chacun de vos neufs objets en vous souhaitant un amour heureux. Ceci doit être fait dans les trente jours après leur mariage.

• Utiliser l'énergie de la lune :

Votre bien aimée hésite-t-elle de se marier avec vous? Voici le rituel qui pourrait vous aider.
Vous avez besoin de deux photos : la vôtre et celle de votre bien aimée, un nouveau crayon, de préférence rouge et un long ruban rouge.

À la pleine lune, sortez à l'extérieur et écrivez le nom de votre amoureux (se) au dos de votre photo et le vôtre au dos de la sienne. N'oubliez pas d'écrire sur chacune des photos « Mariage heureux ». Ensuite, vous placez les deux photos face contre face et vous les attachez autour avec le ruban rouge. Vous devez passer le ruban rouge 99 fois et en répétant le mantra suivant 99 fois : « *Om mani padme hum* ». Placez ensuite les photos en dessous de votre oreiller pendant neuf jours consécutifs. Au dixième jour, jetez le tout dans un courant d'eau rapide.

Secret : *Évitez d'utiliser trop d'objets de ton jaune dans votre chambre à coucher : coussin, couvre-lit, drap, taie d'oreiller, etc. La couleur jaune diminue l'appétit sexuel. Utilisez des tons roses ou rouges pour stimuler la sexualité.*

Chapitre 8
Feng Shui – Succès dans la vie professionnelle

SECRET 68

Découvrez vos aptitudes professionnelles

Selon l'élément de votre chiffre Kua, vous serez en mesure de découvrir vos habiletés au niveau de votre vie professionnelle. Référez-vous à la page 31 pour connaître votre nombre personnalisé de Feng Shui.

Si votre élément est EAU (chiffre Kua 1)

Les activités professionnelles correspondant à l'élément Eau sont : transport, import et export, pharmaceutique, vente, marketing, hôpital, bar et restaurant, réfrigération, pêche, vin et breuvage, peinture.

Toute occupation qui vous demande de la réflexion et des analyses vous conviendra. Ce n'est pas une surprise que les personnes de l'élément Eau soient souvent des chercheurs, des scientifiques, des analystes, des conseillers en vente, des pharmaciens, des infirmiers(ères), des détectives et des statisticiens.

Vous préférez souvent des emplois autonomes et le travail d'équipe n'est pas votre point fort. Vous êtes souvent des entrepreneurs et des travailleurs autonomes.

Si votre élément est BOIS (chiffre Kua 3 et 4)

Les activités professionnelles correspondant à l'élément Eau sont : design, planification, ingénieur, publicité, communication, relations publiques, postes, voyage, automobile, téléphone, télémarketing, communication, journaliste, professeur, peinture, radio et télévision, photographie, secrétariat, textile, foresterie, taxi, construction, traduction, meubles, imprimerie, sports, caméra et cinématographie.

Vous êtes une personne ayant un esprit vif et votre sens de créativité est très fort. Vous désirez réaliser plein de projets et vous êtes en mesure de travailler sur plusieurs tâches à la fois. Votre défi sera de terminer les projets que vous aviez commencés.

Si votre élément est FEU (chiffre Kua 9)

Les activités professionnelles correspondant à l'élément Feu sont : gouvernement, divertissement, théâtre, radio et télévision, cinéma, courtiers en valeur mobilière, commerce de détail, cosmétique, Spa et salon de beauté, galerie d'art, éditeur, école, pompier, optométriste, opticien, électricité, décorateur, paysagiste, politicien, diplomate, médecin, artiste, auteur, reporter, bijoutier, professeur, acteur et publicité.

Vous êtes une personne ambitieuse et qui aime être reconnue. Vous êtes à l'aise avec le public et vous avez une élocution facile. Rien ne peut vous empêcher d'atteindre vos objectifs professionnels. Votre défi sera de ne pas précipiter vos gestes et de ne pas brûler les étapes pour bien réussir vos projets importants.

Si votre élément est TERRE (chiffre Kua 2 et 8)

Les activités professionnelles correspondant à l'élément Terre sont : alimentation, services financiers, épicerie, conseiller Feng Shui, antiquité, banques, croupier, agent d'immeuble, agent de collection, investissement financier, horloger, services de santé, hôtel, motel, entreposage, manufacture, banque, vendeur de vêtement et de chaussure, courtier, ostéopathe, serveur, pédiatre, obstétricien, coiffeur, juge, gestionnaire, caissier et entraîneur sportif.

Vous êtes souvent une personne stable et vous n'aimez pas les changements fréquents dans vos procédures de travail. Vous aurez besoin d'une certaine stabilité pour bien performer.

Si votre élément est Métal (chiffre Kua est 6 et 7)

Les activités professionnelles correspondant à l'élément Métal sont : haute technologie, organisation, gouvernement, armée, clinique dentaire, services financiers, automobile, restaurant et cabaret, système de communication, courtiers, services légaux, équipent de construction, bijouterie et ordinateurs.

Vous êtes une personne persévérante et très structurée au travail. Vous accomplissez très bien les tâches que l'on vous confie. Il vous est difficile de changer votre façon de travailler. Soyez moins rigide au changement.

Secret *: Il est souhaitable d'avoir au moins un mètre de recul quand vous êtes à votre bureau. Si vous touchez le mur en reculant votre fauteuil, cela pourrait engendrer la frustration et la colère.*

Le désordre : la source principale de problèmes

Il est important de garder votre bureau de travail toujours propre et ordonné. À la fin de chaque journée de travail, rangez vos dossiers et classez vos documents pour être prêt(e) le lendemain. En faisant ainsi, l'énergie peut circuler librement et vous apporte ainsi une vision éclairée dans vos prises de décision.

Votre espace de travail doit être aussi ordonné et sans encombrement. Évitez de gros meubles lourds et le désordre dans votre bureau. Si vous avez beaucoup de désordre au centre de la pièce, vous serez toujours inquiet. Si le désordre et le débarras se trouvent au coin nord-est de votre bureau, vous aurez de la difficulté de planifier vos activités et au coin sud-ouest, vous aurez toute sorte d'obstacles et de la malchance. Le désordre au coin Nord-Ouest indique que vous aurez des problèmes de communication et des conflits tandis qu'au coin Ouest, vous risquez d'avoir des employés déloyaux. Essayez de garder le coin Nord dégagé et propre, sinon vous risquez d'avoir des accidents et des insuccès au niveau des affaires. Lorsque le coin Est de votre bureau est affecté, vous rencontrerez beaucoup d'obstacles et risquerez d'avoir des pertes financières tandis que le désordre au coin Sud-est vous fera travailler fort inutilement. Enfin, le secteur Sud en désordre peut indiquer une certaine résistance à l'autorité ou un abus de pouvoir. Vous aurez de mauvaises fréquentations et vous serez victime de mauvais commérage.

Suite à ce que nous venons d'analyser, il est primordial que votre bureau de travail soit propre, ordonné et sans encombrement si vous souhaitez avoir une vie professionnelle réussie et sans tracas.

Secret : Pour diminuer le stress au travail, vous pouvez peinturer les murs de votre bureau d'un ton bleu pâle. Si vous désirez habiller les fenêtres, préférez des stores horizontaux plutôt que des verticaux.

Emplacement idéal de votre bureau, pour une meilleure réussite

L'emplacement de votre bureau dans une bâtisse ou dans une maison est très important, car il peut vous procurer du succès ou de l'échec.

Dans une société, lorsque le patron a un bon Feng Shui, c'est toute l'entreprise qui en profite. Le bureau du dirigeant devrait se trouver au milieu de l'édifice. Plus il est placé vers le centre, plus l'entreprise étendra son emprise. Dans tout bureau, le lieu du pouvoir est le secteur le plus près, en diagonale, de l'entrée.

Si vous êtes employé et avez un bureau dans un couloir, essayez de choisir celui qui est éloigné de l'entrée et proche de l'arrière du bâtiment. Cette position est forte en termes d'énergie. C'est d'abord parce que la puissance tend à s'accumuler à l'arrière de la bâtisse. C'est aussi parce que les employés qui sont proches de l'entrée reçoivent en premier lieu les assauts et le bruit des gens entrant dans l'immeuble.

L'énergie de l'espace situé à l'avant encourage les gens à être au service des autres, tandis que les gens qui sont à l'arrière ont tendance à commander. En ce qui concerne les bureaux situés aux étages, ceux qui sont situés le plus loin du point d'entrée de l'étage, en général un ascenseur, disposent d'une puissance nettement plus grande.

On connaît un grand essor du nombre de travailleurs autonomes. Ils travaillent souvent à domicile et une des pièces de leur demeure est utilisée comme bureau. L'emplacement idéal pour votre bureau sera dans la partie avant de la maison et si possible du côté gauche de la maison (lorsqu'on est à l'intérieur de la maison et que l'on regarde vers l'extérieur). Si vous recevez les clients chez vous, le meilleur endroit pour placer votre bureau sera près de la porte d'entrée principale où l'énergie est très yang ce qui stimulera vos activités. Si votre travail a besoin de calme et de concentration, votre bureau devrait se trouver du côté droit de la maison et dans la partie arrière de chez vous.

Pour ceux qui vivent dans un appartement, il est préférable que votre bureau soit séparé de votre chambre à coucher car ce sont deux activités incompatibles. Rappelez- vous que dormir et le repos sont deux activités parmi les plus importantes. Le travail suivra en second ordre. N'oubliez pas que le lit et le bureau ne doivent pas être placés en ligne directe avec la porte d'entrée principale.

Lorsque vous recevez des clients chez vous, il y a un risque que ces derniers amènent leurs énergies dans votre demeure. Je vous conseiller de placer les cristaux de quartz dans votre chambre pour neutraliser les énergies chaotiques. À cause du manque d'espace, certains d'entre vous installeront le bureau dans la chambre à coucher. Vous savez que c'est déconseillé en Feng Shui. Cependant, si vous vous n'avez pas d'autres choix, je vous suggère de garder tous vos papiers et dossiers dans un cabinet ou un classeur à la fin de la journée. Ne laissez rien sur votre bureau. Couvrez votre ordinateur avec un couvercle protecteur et si vous avez un ordinateur portatif, vous n'avez qu'à le fermer complètement en abaissant son écran.

Secret : Pour augmenter la confiance en soi, je recommande d'utiliser les couleurs bleue, pourpre ou gris dans votre décor. La couleur pourpre vous fera prendre conscience que dans la vie, il y a d'autres choses plus importantes que de satisfaire aux attentes des autres. Tandis que la couleur grise réfléchit autant de lumière qu'elle en absorbe. Lorsque vous serez entouré par ces couleurs, vous retrouverez l'équilibre en vous comprendrez mieux votre moi intérieur.

La porte d'entrée de votre bureau

De nombreux bureaux comportent des éléments qui brisent le flux d'énergie de la pièce ou, pire, qui envoient des flèches empoisonnées vers la position que vous occupez devant le bureau. Voici les cas où vous pourriez être affecté par le sha chi.

Lorsque vous êtes à la porte de votre bureau et que vous regardez l'intérieur de la pièce, notez des situations suivantes :

- L'entrée ne doit pas faire face à un angle d'un mur qui représente le sha chi. Placez y une plante ou un vase pour le camoufler;

- Lorsqu'on entre dans la pièce, aucune structure ne doit se situer sur son passage, par exemple une colonne décorative. Placez une plante grimpante ou un miroir sur la colonne;
- La porte de votre bureau ne doit pas donner sur un autre mur. Cela rend votre entrée petite et étroite. Placez y un tableau représentant des fleurs ou encore l'activité de votre travail;
- L'entrée de votre bureau ne doit pas faire face à un escalier. Vous risquez d'avoir de grands ennuis financiers. Je vous recommande de placer un miroir à côté de la porte, reflétant ainsi l'escalier pour renverser le courant du chi;

Lorsque vous êtes à l'intérieur de votre bureau et que vous regardez vers l'extérieur, voici les situations à surveiller :

- Votre porte d'entrée ne doit pas faire face à un escalier. Pour corriger la situation, placez une plante verte près de la porte d'entrée pour ralentir le chi qui tend à chuter dans l'escalier;
- Votre porte d'entrée doit être visible et facile d'accès;
- Votre porte ne doit pas se donner directement sur celle du bureau en face. Vous risquez d'avoir des conflits;

Secret : *Pour disposer de plus de pouvoir et de souplesse, je vous conseille de ne pas placer un côté du bureau contre un mur. Vous bénéficierez de plus de souplesse, de créativité et de sécurité si vous pouvez choisir le côté par lequel vous gagnerez ou quitterez votre bureau. Si l'espace est restreint d'un côté, essayez d'avoir au moins de la place pour passer par le côté le plus étroit en cas de besoin.*

Attention aux fenêtres!

Voici les situations où le Sha chi ou les flèches empoisonnées peuvent causer des effets négatifs sur vous et engendrer des conséquences néfastes à votre carrière et vos finances.

De votre fenêtre, vous ne devriez pas voir :

- Une route ou un chemin se dirigeant directement à vos fenêtres;
- Un gros arbre, surtout lorsqu'il est mort;
- Une bâtisse avec un toit pointu;
- Un bâtiment en ruine ou non occupé;
- Un chemin de fer;
- Des pylônes électriques ou des poteaux téléphoniques;
- Une autre bâtisse plus haute que la vôtre;
- Deux bâtisses séparées par un chemin;
- Un hôpital, une église, un cimetière, une station de police ou une caserne de pompier.

Une des façons pour neutraliser le sha chi sera d'utiliser les couleurs des objets de décoration que vous placez aux fenêtres ou encore habillez vos fenêtres avec des stores ou des rideaux de couleurs selon la direction de vos fenêtres. Tenez-vous près de la fenêtre. Utilisez la boussole pour déterminer la direction qui vous faites face lorsque vous regardez vers l'extérieur de votre fenêtre.

Voici les couleurs suggérées selon la direction obtenue :

- Si vous faites face au Nord : utilisez la couleur verte;
- Si vous faites face au nord-est : utilisez la couleur blanche;
- Si vous faites face à est : utilisez la couleur rouge, orange, rose;
- Si vous faites face au sud-est : utilisez la couleur rouge, violet, orange et rose;
- Si vous faites face au sud-ouest : utilisez la couleur blanche, grise, argent ou or;
- Si vous faites face au sud : utilisez la couleur jaune, brun ou beige;
- Si vous faites face au nord-est : utilisez la couleur grise, blanche, or ou argent;
- Si vous faites face à l'ouest : utilisez la couleur bleue ou noire.

Secret : Les salles de bains sont souvent écrasées et sans vie. Vous pouvez leur insuffler une saine énergie en y plaçant des plantes vertes, Sinon, vous pouvez placer des plantes en soie qui auront les mêmes effets. D'ailleurs, je vous suggère de placer un bouchon sur le trou d'évacuation de la baignoire lorsque vous ne vous en servez pas pour retenir l'énergie dans la maison.

La forme de votre bureau

Il y a deux sortes de bureau dans les grandes entreprises. Les bureaux individuels (une pièce par employé) et les bureaux séparés par les cloisons. Le partage de l'espace par un plus grand nombre de personnes, avec ou sans bureaux cloisonnés, contribue à un aplanissement des hiérarchies de l'entreprise.

Cependant, ce type d'aménagement amène la stérilité, un manque d'autonomie et d'espace personnel surtout avec les bureaux cloisonnés. En Feng Shui, chaque employé devrait avoir un bureau individuel. L'avantage est que vous pouvez aménager et décorer votre bureau selon vos goûts et vos besoins personnels. Le bureau idéal est une pièce de forme régulière, de préférence carrée ou rectangulaire, avec un éclairage naturel (au moins une fenêtre), une porte pleine que vous pouvez fermer et une bonne position pour le bureau.

Si votre bureau est irrégulier, vous risquez d'y subir des revers ainsi que des frustrations continuelles.

Forme régulière

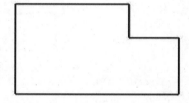

Forme irrégulière

Pour corriger les pièces de forme irrégulière, placez des plantes vertes à côté des irrégularités particulières de la pièce.

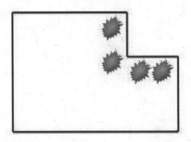

Vous pouvez aussi y installer une sphère à facette de cristal de grande taille (au moins 5cm de diamètre) à l'angle de deux murs pour corriger la forme de l'espace.

D'autre part, votre bureau doit vous permettre de voir la porte ou l'entrée depuis votre place. Il est préférable que vous disposiez votre bureau diagonalement par rapport à l'entrée. S'il vous est impossible de tourner votre bureau pour voir la porte, placez tout simplement un grand miroir sur le mur vous permettant de voir l'entrée.

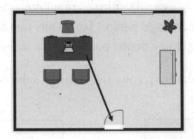

Secret : *Pour les bureaux à cloison, je vous suggère de placer des plantes vertes synonyme d'énergie active et vibrante de vie ainsi qu'une petite fontaine d'eau pour faire circuler l'énergie dans votre espace de travail. Vous serez de meilleure humeur et obtiendrez des résultats très positifs au travail.*

Découvrez les coins d'argent et de pouvoir

Dans chaque bureau, il y a deux coins auxquels vous devez porter une attention particulière. Ce sont les coins de pouvoir et d'argent. Si ces deux coins sont propres, sans désordre et bien aménagés, vous profiterez de bonnes opportunités d'affaires et d'une grande abondance.

Votre coin d'argent se trouve au coin gauche de votre bureau lorsque vous regardez votre bureau de l'entrée. Tandis que le coin de pouvoir se trouve au coin droit de votre bureau par rapport à l'entrée.

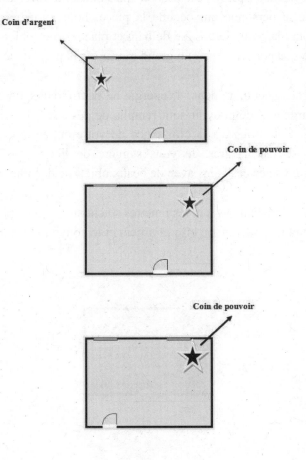

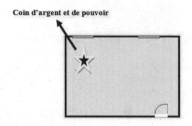

Coin d'argent et de pouvoir

Voici les situations peu bénéfiques pour les coins d'argent et de pouvoir :

- La salle de bain ou les toilettes sont situées au point d'argent et de pouvoir : l'énergie de ces deux pièces est usée et malsaine. Elle affecte le succès et la prospérité de la personne qui occupe la pièce. Pour remédier à la situation, fermez toujours la porte de la salle de bain et placez y des objets de décoration de ton vert. Vous pouvez placer un grand miroir sur la porte de la toilette.

- Le désordre et l'encombrement : L'énergie ne peut circuler librement lorsque les coins d'argent et de pouvoir sont remplis de désordre, de saleté et d'objets encombrants. Cela affectera la croissance de votre entreprise et les nouvelles opportunités se feront rares. Je vous suggère de libérer ces coins de tout désordre et aménagez ces coins avec de beaux objets de décoration.

- Les fenêtres : il ne faut pas que les fenêtres soient situées à un pied (30 cm) du coin d'argent et de pouvoir. En effet, l'argent et le pouvoir s'échapperont par la fenêtre.

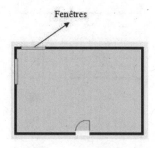

Fenêtres

• Les portes : il n'est pas bénéfique qu'une porte soit située au coin d'argent ou de pouvoir. Le remède sera de l'enlever complètement. Si ce n'est pas possible, placez un long miroir sur la porte face vers le bureau ou placez une grande plante verte à côté de la porte.

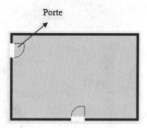

Pour activer le coin d'argent, imprimez les caractères chinois suivants et placez-les au coin d'argent.

Pour activer le coin de pouvoir, imprimez les caractères chinois suivants et placez- les au coin de pouvoir.

Secret : *Les meilleurs fauteuils pour le bureau n'ont pas d'ouverture entre le siège et le dossier. Quels que soient la qualité et le prix du fauteuil, vous serez incontestablement plus vulnérable dans votre vie professionnelle si votre fauteuil a une ouverture à cet endroit.*

La position du bureau

Au bureau, c'est la table de travail qui tient le rôle principal. Une mauvaise position peut faire toute la différence entre un développement de carrière simple, sans heurt, rapide, et une vie professionnelle remplie de difficultés, de déboires et de problèmes.

Rappelez-vous les critères suivants pour la position du bureau :

- La table de travail doit être le plus loin possible de la porte;
- L'emplacement du bureau doit vous permettre de voir la plus grande proportion possible de la pièce;
- L'entrée du bureau doit être clairement visible de l'endroit où vous êtes assis;
- La position de la table de travail par rapport à la porte d'entrée a plus d'importance que son orientation selon votre chiffre Kua;
- Évitez de vous asseoir directement face à la porte d'entrée. Si vous ne pouvez pas changer de place, installez une grande plante verte en arrière de vous;

- Ne pas vous asseoir dos à la porte. Cette position vous rendra anxieux. Placez un miroir vous permettant ainsi de voir derrière vous.

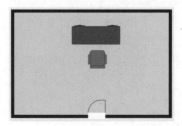

- Ne pas placer votre table de travail dans la même trajectoire que la porte. Autrement, vous serez vite épuisé et manquerez de concentration.

- Évitez de vous asseoir dos aux fenêtres. Si vous ne pouvez pas déplacer la table de travail, fermez les stores ou placez des plantes aux fenêtres.

Voici les bonnes positions pour votre table de travail :

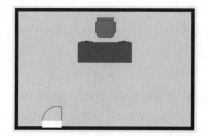 

 *Secret* : *N'achetez pas une table de travail usagée car vous hériterez de l'énergie de son ou de ses anciens propriétaires. L'achat d'une table de travail neuve est en général le meilleur moyen de disposer d'une énergie neuve et positive.*

Activez votre secteur de carrière

Un bon Feng Shui de carrière se manifeste d'ordinaire sous forme d'une augmentation des opportunités favorables, des promotions ou encore d'une augmentation de salaire. Le secteur de carrière dans une maison ou dans un bureau est situé au nord. Donc, pour obtenir le maximum du Feng Shui de la carrière, vous devez utiliser des méthodes de Feng Shui pour *énergiser* le secteur nord de votre demeure et de votre bureau.

L'élément relié au secteur nord est Eau. Donc, les couleurs bénéfiques pour ce secteur sont bleu, noir, or, argent. Il est recommandé de placer dans ce secteur les éléments aquatiques tels que l'aquarium ou une grande fontaine d'eau. Le mouvement de l'eau produit l'énergie yang et vous apportera des nouvelles opportunités dans votre vie professionnelle.

Sur les murs du secteur nord, accrochez des tableaux représentant des paysages d'eau : rivière, lac etc. Si vous avez des images de poisson, ce sera l'endroit idéal pour les placer. Évitez les scènes d'hiver car ils gèleront vos activités. Les miroirs sont aussi recommandés au secteur Nord. Vous pouvez aussi y accrocher un carillon à six tubes en métal car l'élément métal produira l'eau dans le cycle productif des éléments.

Évitez à tout prix de placer une toilette au secteur nord de votre maison, car vous risquerez d'avoir des difficultés énormes dans votre carrière.

Secret : Faites en sorte que vos dossiers importants ne soient jamais piétinés. Vous ne devez jamais les mettre par terre, quel que soit l'encombrement de votre bureau, quelles que soient les choses que vous devez faire. Ne mettez pas de dossier près de toilettes. Les armoires de classement ne doivent pas être placées contre un mur des toilettes.

Le décor d'un bureau réussi

Le décor dans votre bureau de travail est très important. L'influence favorable à votre carrière est grandement améliorée quand vous placez des objets de décoration : plantes, images, bibelots selon l'art de Feng Shui.

Voici mes recommandations pour décorer votre bureau :

▪ Évitez des plantes avec des feuilles pointues comme les plantes araignées. Ce sont les flèches empoisonnées qui causent la désharmonie. Préférez des plantes aux feuilles arrondies ou les fougères. Je vous recommande fortement la crassula au secteur Ouest de votre bureau pour favoriser la richesse matérielle. Je vous déconseille les cactus ou le bonzaï qui sont défavorables au niveau de progression de votre carrière;

▪ La meilleure représentation que l'on puisse avoir dans son bureau, c'est le paysage. Placez un beau paysage de montagne sur le mur derrière vous pour vous donner l'appui et la chance. Des images de fleurs au secteur Est et Sud-est de votre bureau seront aussi très favorables. Des tableaux représentant des poissons apportent aussi de merveilleuses énergies Feng Shui. Évitez toutes les images représentant la mort, le désert, la solitude ou encore la violence;

▪ Si vous avez des diplômes, le meilleur endroit pour les placer sera sur le mur sud de votre bureau. Préférez des encadrements en bois pour renforcer l'énergie du feu symbolisant le succès;

▪ Si le mur devant votre bureau se dirige vers l'est, sud-est et nord, je vous conseille de placer un tableau d'une belle rivière. Cependant, il est préférable qu'il n'y ait pas de montagne dans l'image. Ne pas décorer votre bureau avec les images des voiliers qui représentent souvent une carrière chancelante et risquée. Des images de bateau à voiles sont cependant bénéfiques;

▪ Dans mon bureau, je place toujours une belle statue de tortue au coin nord. En Feng Shui, la tortue est considérée comme une créature très favorable et céleste, qui apporte une chance extrême. Vous n'avez pas besoin d'en avoir plusieurs. Une sera suffisante car le chiffre Kua relié au nord est 1. Je vous déconseille d'avoir des tortues vivantes. En Chine, ce sont les animaux de temple et non des animaux domestiques;

▪ Placez un cristal arrondi dans le secteur sud-ouest de votre table de travail, de façon à créer l'influence favorable aux relations harmonieuses avec les collègues de travail;

▪ Pour éviter les mauvais commérages et des coups bas, je vous conseille d'avoir un coq rouge dans votre bureau. Si vous pouvez le placer au coin sud de votre bureau, ce sera très bénéfique;

▪ Pour favoriser la croissance de vos projets, placez une belle fontaine d'eau au secteur est de votre bureau. Le son de l'eau sera très apaisant et diminuera ainsi le stress. Veillez à ce que le bruit du moteur de la pompe ne soit pas dérangeant;

Secret : Pour réussir vos projets professionnels, vous pouvez activer l'énergie de réussite en plaçant trois pièces de monnaie chinoise avec un ruban rouge sur les dossiers. Veillez à ce que la face yang soit dirigée vers le haut (la partie ayant quatre lettres chinoises).

Les symboles puissants de réussite professionnelle

En Feng Shui, le dragon est le symbole le plus puissant de la bonne fortune et du pouvoir.

L'Est est la direction que l'on associe traditionnellement au dragon; ainsi, placer la représentation d'un dragon du côté est de votre bureau ou de votre maison apportera beaucoup de fortune. Le dragon peut être en céramique, en cristal ou en bois. Les dragons en métal ou de ton or ne sont pas recommandés.

Vous pouvez avoir une peinture représentant le dragon ou utiliser des meubles avec des dragons sculptés sur ses pieds.

Un autre symbole de la réussite est le phénix. Il symbolise l'influence favorable à la réalisation de vos désirs. Le phénix est le roi des créatures emplumées, et dans la mythologie chinoise, il est souvent représenté comme compagnon du dragon céleste. Placez le phénix au secteur sud de votre bureau ou de votre maison.

Secret : Pour vos cartes d'affaires, lorsque vous utilisez deux couleurs, faites en sorte qu'elles soient harmonieuses. Les bonnes combinaisons chromatiques sont le noir avec le vert, le rouge avec le jaune ou le beige, le noir avec l'or ou le métallique, le vert avec le rouge. Évitez le noir avec le rouge, le jaune et l'orange.

Neutralisez les « cinq jaunes »

En Feng Shui, la dimension du temps est très importante et doit être soigneusement observée. Selon la théorie des étoiles volantes, il y a une étoile appelée « Cinq Jaunes » qui peut causer de grands malheurs pouvant se traduire par des pertes financières, des accidents, des ennuis de santé, de la malchance et la régression. À chaque année, l'étoile « Cinq Jaune » se déplace vers différents secteurs de votre maison ou de votre bureau. Donc, il est important de la localiser et de la neutraliser.

Voici son emplacement selon les années :

Année en cours	Emplacement des « Cinq Jaunes »
2008	Sud
2009	Nord
2010	Sud-ouest
2011	Est
2012	Sud-est
2013	Centre
2014	Nord-ouest
2015	Ouest

Pour neutraliser les « Cinq Jaunes », placez dans le secteur concerné un carillon à 6 tubes en métal. Ne pas y installer un système de son ou un téléviseur pour ne pas faire trop de bruits qui risquent de réveiller cette étoile maléfique. Évitez de faire les grandes rénovations avec des coups de marteaux dans les emplacements de cinq jaunes.

Secret : *Dans une salle de réunion, choisissez un siège pourvu d'accoudoirs et d'un dossier haut. Cela fournit le soutien Feng Shui qui vous permet d'être « en équilibre ».*

Organisez votre table de travail

En Feng Shui, les tables de travail en U ou en L sont considérées comme peu bénéfiques. Il est préférable de s'asseoir à un bureau de forme rectangulaire.

Sur la table de travail, vous pouvez activer l'énergie du succès en plaçant des objets à la bonne place. Voici les objets que je vous suggère de placer sur votre bureau de travail :

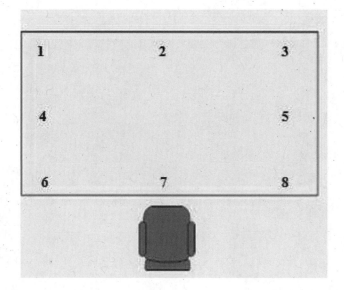

1 : une plante verte, des fleurs fraîches ou votre livret de chèques;

2 : une lampe, une chandelle rouge ou un coq rouge;

3 : une photo de votre couple, un cristal arrondi ou une figurine de deux dauphins ou de canards en céramique;

4 : une petite fontaine d'eau ou une photo de votre famille;

5 : un dossier de vos projets, un cahier de votre budget ou un pèse papier en métal;

6 : une image de montagne ou une image qui vous inspire la paix intérieure;

7 : un ordinateur, un tapis de souris de ton bleu ou noir;

8 : une mappemonde, un souvenir de voyage ou l'image de votre guide spirituel.

Secret : Tout équipement de bureau fait de métal, telle une imprimante ou encore un télécopieur doit être placé sur une table séparée, de préférence au coin ouest ou nord-ouest de votre bureau. Si vous avez besoin de les placer sur votre bureau, placez-les à votre droite.

Pas trop de lumière excessive

Quand il y a trop de lumière dans un bureau, on constate que l'énergie est trop yang. L'énergie Yang est nécessaire pour stimuler notre créativité et notre productivité. Cependant, un excès de cette énergie peut engendrer le stress, l'impulsivité et même la mauvaise humeur. En effet, en Feng Shui, on privilégie l'équilibre du Yin et du Yang. Lorsqu'il y a un déséquilibre, on risque de vivre la désharmonie.

Donc, je vous conseille d'utiliser les tentures ou les stores pour atténuer le soleil de l'après-midi. Les rideaux de ton bleu ou blanc sont très efficaces pour réduire la chaleur et les effets trop yang du soleil. Lorsque vous installez les stores, utilisez les stores horizontaux si vous désirez créer un environnement plus calme et plus relaxant. Si vous souhaitez un bureau plus stimulant et plus actif, préférez des stores verticaux. Si vous travaillez dans un bureau exposé au soleil, évitez de peindre les murs de couleurs trop foncés qui risquent de rendre la pièce encore plus chaude. Préférez des tons plus clairs pour dissiper la chaleur.

Dans un bureau, utilisez les types d'éclairage appropriés selon vos besoins spécifiques et l'intensité de la lumière de la pièce. Les ampoules incandescentes sont utilisées pour l'éclairage général de la maison qui diffuse une lumière uniforme, tandis que les spots sont dirigés sur une zone précise. Vous pouvez stimuler le chi dans un endroit particulier comme un coin sombre pour éviter la stagnation. Les lampes torchères dont la lumière est dirigée vers le plafond seront utiles si votre plafond est bas ou mansardé. Les lampes halogènes produisent une lumière puissante, idéale pour réveiller le chi dans les zones de stagnation. Évitez les néons qui produisent trop de radiations électriques.

Secret : *N'utilisez pas de bureaux en vitre. Préférez des bureaux en bois. La surface en vitre risque de vous faire perdre des opportunités d'affaires.*

Soyez reconnu et apprécié au travail

Au travail, si vous avez de la chance, vous attirerez l'attention de vos supérieurs immédiats ou de votre employeur qui voudra vous donner plus de responsabilités et faire avancer votre carrière.

En Feng Shui, le secteur nord-ouest de votre demeure est extrêmement important au niveau de la carrière. En effet, ce secteur représente non seulement celui des voyages mais aussi l'aide des bienfaiteurs et l'appui de votre employeur. Si vous avez un bureau de travail, il sera bénéfique de le placer dans ce secteur, surtout pour un homme.

Décorez la pièce du secteur nord-ouest avec une belle mappemonde. Si vous préférez, un globe terrestre peut faire l'affaire. Vous demandez ainsi à l'univers de vous supporter et de vous ouvrir des portes à différentes opportunités. Au secteur nord-ouest, choisissez des objets de décoration en métal : cuivre, laiton, argent ou encore fer forgé. Si vous désirez changer votre table de travail, choisissez des tables de bureau en métal si votre bureau se trouve au nord-ouest. Des images de Bouddha ou encore de votre guide spirituel seront très bénéfiques pour vous apporter la chance divine. D'ailleurs, c'est dans ce secteur que vous pouvez placer des photos de gens décédés à qui vous demandez la protection. Dans votre bureau, il sera très bénéfique d'accrocher un carillon à six tubes en métal au coin nord-ouest de la pièce.

Je vous recommande aussi de placer un cristal sur le côté gauche de votre bureau pour augmenter l'énergie de la chance professionnelle.

Secret : Les outils de nettoyage comme balai, l'aspirateur, la pelle à poussière, sont considérés comme la malchance et doivent être cachés à la vue, dans toutes les parties de bureau, surtout vers la porte principale. Si vous avez une corbeille à papier, place-la sous votre table.

Vous recherchez un nouvel emploi?

Lorsque vous êtes à la recherche d'un nouvel emploi, vous avez besoin de plus d'énergie yang pour vous donner confiance et la volonté de réussir. D'ailleurs, les employeurs préfèrent des employés qui sont décisifs, énergiques et alertes. Bref, des employés qui sont plus yang.

Pour avoir plus d'énergie yang en vous, il faut que vous soyez entouré des énergies yang dans votre demeure. Pour ce faire, la première chose à faire sera de vous débarrasser de tous les objets dont vous n'avez plus besoin, de laver vos stores et vos rideaux, d'enlever les meubles encombrants qui bloquent la circulation du chi. Rendez votre demeure plus grande et plus aérée. Ouvrez les fenêtres de votre chambre, de votre salon pour faire entrer les nouvelles énergies. Mangez plus de nourriture yang telle que les poissons, les céréales et les légumes.

Pour assurer le succès de votre projet de recherche d'emploi, voici ce que vous aurez à faire :

1) **Activez le secteur de croissance de vos projets** : Le secteur Est de votre demeure est important lorsque vous souhaitez des progrès concluants de vos projets personnels.

Le secteur Est se trouve relié à l'élément Bois. Donc, installez des meubles en bois dans ce secteur. Placez de grandes plantes vertes et des coupes de fleurs fraîches seront très bénéfiques. Pour stimuler l'énergie du bois, placez- y un bol d'eau fraîche et changez l'eau à tous les jours. Une fontaine d'eau à cet endroit sera aussi très recommandée.

2) Renforcez l'énergie du succès :

Le secteur Sud représente le succès de vos projets. On associe le Sud à l'élément feu. Pour avoir plus de chance lors des entrevues, je vous suggère de placer des plantes vertes dans ce secteur. À chaque jour, brûlez une chandelle rouge, en moyenne une heure par jour. Évitez les désordres au secteur sud si vous désirez que vos projets aboutissent. Vous pouvez utiliser des objets de décoration qui symbolisent le succès : coq rouge, pyramide, tortue, éléphant ou encore l'image d'un soleil éclatant.

3) Obtenez l'emploi bénéfique:

Avec le Feng Shui, vous obtiendrez l'emploi qui vous sera bénéfique et non nécessairement celui que vous souhaitez. En effet, il arrive souvent que nous acceptions un emploi qui nous paraissait alléchant avec un bon salaire. Nous constatons par la suite que cet emploi ne nous convient guère et tout est à recommencer!

Je vous suggère d'écrire sur une feuille blanche avec un crayon rouge ce que vous recherchez comme emploi. Par exemple, un environnement de travail agréable, des collègues de travail plaisants, un support soutenu de votre employeur, le salaire désiré etc. À la fin, n'oubliez pas d'écrire « merci » comme si vous l'aviez déjà obtenu. Placez cette feuille au secteur ouest de votre demeure. Pour activer l'obtention d'un bon emploi, je vous conseille de découper les offres d'emploi auxquelles vous avez postulé et de les déposer dans une chemise rouge. Placez les trois pièces de monnaie chinoise avec le fil rouge au dessus du dossier pour activer la chance d'avoir des entrevues.

Secret : Si vous avez une boutique, placez une clochette è la poignée de la porte d'entrée de votre magasin. Le tintement de la clochette active instantanément l'énergie de l'entrée qui stimule les nouvelles opportunités d'affaires.

Chapitre 9
Feng Shui – Une vie familiale heureuse

Relations parents-enfants selon votre signe chinois

Dans l'astrologie Chinoise, il est très important d'étudier les signes astrologiques des parents et ceux de leurs enfants car la vie des parents, suite à la naissance de leurs enfants, pourrait être chanceuse et bénéfique ou malheureuse et misérable. D'ailleurs, il sera intéressant de savoir si les parents s'entendent bien avec leurs enfants en étudiant leurs signes d'astrologie respectifs.

Année de naissance	De	À	Signe Chinois
1927	2 février 1927	22 janvier 1928	Chat
1928	23 janvier 1928	9 février 1929	Dragon
1929	10 février 1929	29 janvier 1930	Serpent
1930	30 janvier 1930	16 février 1931	Cheval
1931	17 février 1931	5 février 1932	Chèvre
1932	6 février 1932	25 janvier 1933	Singe
1933	26 janvier 1933	13 février 1934	Coq
1934	14 février 1934	3 février 1935	Chien
1935	4 février 1935	23 janvier 1936	Cochon
1936	24 janvier 1936	10 février 1937	Rat
1937	11 février 1937	30 janvier 1938	Buffle
1938	31 janvier 1938	18 février 1939	Tigre
1939	19 février 1939	7 février 1940	Chat
1940	8 février 1940	26 janvier 1941	Dragon
1941	27 janvier 1941	14 février 1942	Serpent
1942	15 février 1942	4 février 1943	Cheval
1943	5 février 1943	24 janvier 1944	Chèvre
1944	25 janvier 1944	12 février 1945	Singe

Année de naissance	De	À	Signe Chinois
1945	13 février 1945	1 février 1946	Coq
1946	2 février 1946	21 janvier 1947	Chien
1947	22 janvier 1947	9 février 1948	Cochon
1948	10 février 1948	28 janvier 1949	Rat
1949	29 janvier 1949	16 février 1950	Buffle
1950	17 février 1950	5 février 1951	Tigre
1951	6 février 1951	26 janvier 1952	Chat
1952	27 janvier 1952	13 février 1953	Dragon
1953	14 février 1953	2 février 1954	Serpent
1954	3 février 1954	23 janvier 1955	Cheval
1955	24 janvier 1955	11 février 1956	Chèvre
1956	12 février 1956	30 janvier 1957	Singe
1957	31 janvier 1957	17 février 1958	Coq
1958	18 février 1958	7 février 1959	Chien
1959	8 février 1959	27 janvier 1960	Cochon
1960	28 janvier 1960	14 février 1961	Rat
1961	15 février 1961	4 février 1962	Buffle
1962	5 février 1962	24 janvier 1963	Tigre
1963	25 janvier 1963	12 février 1964	Chat
1964	13 février 1964	1 février 1965	Dragon
1965	2 février 1965	20 janvier 1966	Serpent
1966	21 janvier 1966	8 février 1967	Cheval
1967	9 février 1967	29 janvier 1968	Chèvre
1968	30 janvier 1968	16 février 1969	Singe
1969	17 février 1969	5 février 1970	Coq
1970	6 février 1970	26 janvier 1971	Chien
1971	27 janvier 1971	15 février 1972	Cochon
1972	16 février 1972	2 février 1973	Rat
1973	3 février 1973	22 janvier 1974	Buffle
1974	23 janvier 1974	10 février 1975	Tigre
1975	11 février 1975	30 janvier 1976	Chat
1976	31 janvier 1976	17 février 1977	Dragon
1977	18 février 1977	6 février 1978	Serpent
1978	7 février 1978	27 janvier 1979	Cheval
1979	28 janvier 1979	15 février 1980	Chèvre
1980	16 février 1980	4 février 1981	Singe
1981	5 février 1981	24 janvier 1982	Coq
1982	25 janvier 1982	12 février 1983	Chien

Année de naissance	De	À	Signe Chinois
1983	13 février 1983	1 février 1984	Cochon
1984	2 février 1984	19 février 1985	Rat
1985	20 février 1985	8 février 1986	Buffle
1986	9 février 1986	28 janvier 1987	Tigre
1987	29 janvier 1987	16 février 1988	Chat
1988	17 février 1988	5 février 1989	Dragon
1989	6 février 1989	26 janvier 1990	Serpent
1990	27 janvier 1990	14 février 1991	Cheval
1991	15 février 1991	3 février 1992	Chèvre
1992	4 février 1992	22 janvier 1993	Singe
1993	23 janvier 1993	9 février 1994	Coq
1994	10 février 1994	30 janvier 1995	Chien
1995	31 janvier 1995	18 février 1996	Cochon
1996	19 février 1996	6 février 1997	Rat
1997	7 février 1997	27 janvier 1998	Buffle
1998	28 janvier 1998	15 février 1999	Tigre
1999	16 février 1999	4 février 2000	Chat
2000	5 février 2000	23 janvier 2001	Dragon
2001	24 janvier 2001	11 février 2002	Serpent
2002	12 février 2002	31 janvier 2003	Cheval
2003	1 février 2003	21 janvier 2004	Chèvre
2004	22 janvier 2004	8 février 2005	Singe
2005	9 février 2005	28 janvier 2006	Coq
2006	29 janvier 2006	17 février 2007	Chien
2007	18 février 2007	6 février 2008	Cochon
2008	7 février 2008	25 janvier 2009	Rat
2009	26 janvier 2009	13 février 2010	Buffle
2010	14 février 2010	2 février 2011	Tigre
2011	3 février 2011	22 janvier 2012	Chat
2012	23 janvier 2012	9 février 2013	Dragon
2013	10 février 2013	30 janvier 2014	Serpent
2014	31 janvier 2014	18 février 2015	Cheval
2015	19 février 2015	7 février 2016	Chèvre
2016	8 février 2016	27 janvier 2017	Singe
2017	28 janvier 2017	15 février 2018	Coq
2018	16 février 2018	24 janvier 2019	Chien

SI VOTRE SIGNE EST RAT

Et le signe de l'enfant est :

- **Rat :** Beaucoup d'harmonie entre vous et vos enfants. La communication est facile.
- **Buffle :** L'enfant vous aime beaucoup. Il vous supporte et est attentif à vos besoins.
- **Tigre :** Difficulté de communication entre vous et l'enfant. Les conflits seront nombreux.
- **Chat :** L'enfant sera désobéissant et vous causera souvent des difficultés.
- **Dragon :** L'enfant veut avoir le contrôle sur vous. Il ne se soumet pas facilement.
- **Serpent :** L'enfant peut décider de prendre son propre envol.
- **Cheval :** L'enfant quitte tôt sa famille. Il veut voler de ses propres ailes.
- **Chèvre :** L'entente entre vous est passable. Il faudra plus de complicité et de compromis entre vous.
- **Singe :** L'enfant sera un peu trop gâté par vous. Il pourrait devenir très demandant.
- **Coq :** Malgré que vos opinions diffèrent, vous et l'enfant pourriez bien vous entendre.
- **Chien :** L'enfant n'a peut-être pas les mêmes visions de la vie que la vôtre mais l'enfant a de l'affection pour vous.
- **Cochon :** Bonheur et l'harmonie dans la famille.

SI VOTRE SIGNE EST BUFFLE

et le signe de l'enfant est :

- **Rat :** Vous êtes un peu trop sévère. Cela peut causer les mésententes et la désharmonie entre vous.
- **Buffle :** L'enfant ne fait pas toujours ce que vous souhaitez. L'enfant fait souvent à sa tête.
- **Tigre :** L'enfant risque de se séparer de vous très tôt. Il quitte très jeune son foyer pour s'établir ailleurs.

- **Chat** : En apparence, tout va bien, mais les mésententes sont omniprésentes.
- **Dragon :** L'enfant s'oppose ouvertement à vous car il se croit supérieur.
- **Serpent :** L'enfant se montre aimant pour obtenir votre amour et votre attention.
- **Cheval :** L'enfant se montre indépendant et autonome.
- **Chèvre :** La famille ne connaît pas beaucoup de joie et d'harmonie.
- **Singe :**   Excellente entente entre vous et votre enfant.
- **Coq :** L'enfant sera un très bon fils si vous apprenez à le comprendre.
- **Chien :** L'enfant se montre aimant mais il a tendance à vous contredire.
- **Cochon :** L'enfant vous adore mais l'entente entre vous sera difficile à maintenir

SI VOTRE SIGNE EST TIGRE

et le signe de l'enfant est :

- **Rat :**   L'enfant reçoit beaucoup de soin et d'attention de votre part.
- **Buffle :** L'enfant a tendance à vous désobéir et de contester votre autorité.
- **Tigre :** Vous aurez beaucoup de difficulté à vous entendre.
- **Chat** : L'enfant se montre aimable à votre égard mais il n'est pas toujours d'accord avec vous.
- **Dragon :** Très bonne entente familiale.
- **Serpent :** Vous avez de la difficulté à vous comprendre.
- **Cheval :** Peu de conflits. Beaucoup d'amour mutuel.
- **Chèvre :** Vous avez tendance de réprimander souvent vos enfants.
- **Singe :**   La relation s'annonce difficile. Peu d'harmonie et de compréhension.
- **Coq :** L'enfant veut quitter tôt le foyer.
- **Chien :** Beaucoup d'amour et d'harmonie.
- **Cochon :** L'enfant vous adore. Joie et bonheur seront au rendez-vous.

SI VOTRE SIGNE EST CHAT

et le signe de l'enfant est :

- **Rat :** Patience et persévérance. L'harmonie familiale est fragile.
- **Buffle :** La froideur et l'indifférence dominent vos relations.
- **Tigre :** L'enfant a un grand amour propre. La relation est moyenne.
- **Chat (lièvre) :** Beaucoup de joie dans votre relation familiale.
- **Dragon :** Le bonheur familial est au rendez-vous.
- **Serpent :** Vous et l'enfant vous entendez bien.
- **Cheval :** Vous ne devriez pas vous montrer trop sévère envers votre enfant.
- **Chèvre :** L'harmonie familiale est protégée.
- **Singe :** L'enfant a tendance à vous mentir et vous manipuler.
- **Coq :** Vous aurez une certaine difficulté à subvenir aux besoins de vos enfants.
- **Chien :** Bonheur et joie familiale.
- **Cochon :** Votre relation avec l'enfant est satisfaisante.

SI VOTRE SIGNE EST DRAGON

et le signe de l'enfant est :

- **Rat :** Vous avez beaucoup d'attente à l'égard de votre enfant.
- **Buffle :** L'enfant a tendance à vous contredire.
- **Tigre :** Vous avez envie de faire plaisir à votre enfant.
- **Chat:** L'enfant peut vous causer des déceptions mais vous acceptez bien cette situation et l'aimez quand même.
- **Dragon :** Chacun de vous veut se montrer supérieur.
- **Serpent :** L'enfant sera intelligent. Bonne entente en général entre vous.
- **Cheval :** L'enfant a tendance à vous désobéir mais réussit bien sa vie.
- **Chèvre :** Vous serez heureux des talents artistiques de votre enfant.

- **Singe :** La relation entre vous sera harmonieuse.
- **Coq :** L'enfant doit faire ce que vous désirez.
- **Chien :** Vous aurez beaucoup difficultés à vous entendre.
- **Cochon :** Bonne entente familiale.

SI VOTRE SIGNE EST SERPENT

et le signe de l'enfant est :

- **Rat :** Une bonne relation parent-enfant.
- **Buffle :** Vous portez une grande attention à votre enfant.
- **Tigre :** Les conflits seront nombreux.
- **Chat :** Beaucoup d'harmonie et de compréhension entre vous.
- **Dragon :** Vous vous montrez compréhensif à l'égard de votre enfant.
- **Serpent :** La mésentente et les conflits seront fréquents.
- **Cheval :** L'enfant veut quitter tôt son foyer et vous cause beaucoup de peine.
- **Chèvre :** Votre relation est harmonieuse.
- **Singe :** Vous ne partagez pas toujours les mêmes opinions.
- **Coq :** L'entente entre les parents et l'enfant sera harmonieuse.
- **Chien :** Conflit, incompréhension et mésentente seront fréquents.
- **Cochon :** Les parents se montrent sévères avec leurs enfants.

SI VOTRE SIGNE EST CHEVAL

Et le signe de l'enfant est :

- **Rat :** Beaucoup de conflits et de confrontation.
- **Buffle :** L'enfant s'entend peu avec vous mais il vous obéira.
- **Tigre :** Vous respectez l'autonomie de votre enfant.
- **Chat :** Vous prenez le temps de vous occuper de votre enfant.

- **Dragon :** L'harmonie et le bonheur seront présents.
- **Serpent :** L'enfant a tendance de riposter sur tout et sur rien.
- **Cheval :** Vous aurez de la facilité à communiquer et à vous entendre.
- **Chèvre :** Bonne entente entre vous.
- **Singe :** Votre relation est relativement bonne.
- **Coq :** L'enfant se sent incompris et a tendance de se révolter.
- **Chien :** L'enfant doit être autonome et se débrouiller seul.
- **Cochon :** Excellente relation.

SI VOTRE SIGNE EST CHÈVRE

Et le signe de l'enfant :

- **Rat :** Beaucoup de mésentente et la communication sera difficile.
- **Buffle :** L'indifférence et la divergence d'opinions sont prononcées.
- **Tigre :** L'enfant n'est pas toujours d'accord avec vous.
- **Chat :** Votre relation est relativement bonne.
- **Dragon :** L'harmonie sera au rendez-vous.
- **Serpent :** Vous serez très attentionné aux besoins de votre enfant.
- **Cheval :** Vous vous entendez très bien avec votre enfant.
- **Chèvre :** Votre relation est généralement bonne.
- **Singe :** Votre relation est harmonieuse.
- **Coq :** Vous et l'enfant n'avez pas nécessairement la même vision sur la vie.
- **Chien :** L'enfant peut décider de quitter tôt son foyer.
- **Cochon :** L'enfant vous obéit.

SI VOTRE SIGNE EST SINGE

Et le signe de l'enfant est :

- **Rat :** Harmonie est au rendez-vous.

- **Buffle :** Vous comprenez et respectez les besoins de votre enfant.
- **Tigre :** Difficulté de s'entendre entre vous.
- **Chat :** L'entente familiale est protégée.
- **Dragon :** Beaucoup de bonheur et d'harmonie.
- **Serpent :** L'enfant est disposé à aider leurs parents.
- **Cheval :** L'entente familiale n'est pas toujours au beau fixe.
- **Chèvre :** L'enfant peut se fier à vous.
- **Singe :** Vous vous entendez bien.
- **Coq :** L'enfant se sent incompris et souvent en désaccord avec vous.
- **Chien :** Beaucoup de mésentente et de discorde entre vous.
- **Cochon :** Vous êtes soucieux des besoins de votre enfant.

SI VOTRE SIGNE EST COQ

Et le signe de votre enfant est :

- **Rat :** Différence d'opinions et la discorde sera fréquente.
- **Buffle :** L'enfant sera disposé à vous aider lorsque vous avez besoin de lui.
- **Tigre :** L'enfant a tendance de s'opposer à vous.
- **Chat :** L'enfant vous désobéit souvent.
- **Dragon :** Bonne entente familiale.
- **Serpent :** Beaucoup de disharmonie dans vos échanges.
- **Cheval :** L'enfant veut quitter tôt son foyer.
- **Chèvre :** L'enfant vous cause souvent des déceptions.
- **Singe :** Vous êtes souvent fier de votre enfant.
- **Coq :** La mésentente est fréquente entre vous.
- **Chien :** vous aurez de la difficulté de comprendre votre enfant.
- **Cochon :** L'enfant agit souvent selon son gré.

SI VOTRE SIGNE EST CHIEN

Et le signe de l'enfant est :

- **Rat :** Vous aurez peu de temps de vous occuper de votre enfant.

- **Buffle** : L'entente entre vous et l'enfant sera difficile.
- **Tigre** : Très bonne relation. Vous ferez des sacrifices pour votre enfant.
- **Chat :** Bonne entente familiale.
- **Dragon :** Les enfants ont souvent des frustrations.
- **Serpent :** Votre relation est moyennement bonne.
- **Cheval :** Les enfants se montrent indépendants.
- **Chèvre :** Vous aurez de la difficulté à vous entendre.
- **Singe :** Beaucoup d'harmonie dans votre relation avec l'enfant.
- **Coq :** Les enfants ont tendance à vous désobéir.
- **Chien :** Les enfants se montrent bons et obéissants aux parents.
- **Cochon :** Bonne et heureuse relation familiale.

SI VOTRE SIGNE EST COCHON

Et le signe de l'enfant :

- **Rat :** Excellente relation familiale.
- **Buffle :** Vous aimez chérir votre enfant.
- **Tigre :** Bonne entente familiale.
- **Chat :** La relation familiale est harmonieuse mais les enfants ne portent pas d'attention à leurs parents.
- **Dragon :** Beaucoup d'harmonie. Vous aimez gâter votre enfant.
- **Serpent :** L'enfant cause souvent de la peine et du mécontentement à ses parents.
- **Cheval :** L'enfant veut quitter tôt son foyer.
- **Chèvre :** Beaucoup de communication et de compréhension de part et d'autre.
- **Singe :** Les enfants seront intelligents et doués.
- **Coq :** Les enfants seront bien gâtés.
- **Chien :** Vous désirez tout sacrifier pour votre enfant.
- **Cochon** : Excellente relation familiale.

Secret : N'accrochez jamais la photo de votre famille face à une porte des toilettes, à une porte d'entrée ou encore un escalier car cela risque de causer la désharmonie familiale. N'accrochez jamais les photos de votre famille dans le sous-sol.

Activez votre secteur de matriarche

En Feng Shui, le secteur sud-ouest est extrêmement important car il représente la matriarche de la maison. La chance globale de la famille dépend de la qualité du secteur de la mère. Le sud-ouest représente aussi l'amour et la communication entre conjoints, entre parents et enfants et entre frères et sœurs.

Pour activer le secteur de la mère, vous devriez y placer de grands vases décoratifs en terre cuite ou en céramique. Laissez les vases vides pour attirer le bon chi. Décorez ce secteur avec des objets par paires. C'est bon d'y placer la photo de la mère et des enfants. Évitez des photos de trois personnes ou des objets impairs ou dépareillés.

Dans ce secteur, privilégiez des murs de ton jaune, beige ou encore rouge. Je vous recommande d'éclairer ce secteur avec de belle lumière en cristal et si possible, laissez une petite lumière toujours allumée. Vous pouvez aussi allumer des chandelles rouges pour énergiser l'énergie de l'amour.

Dans mon secteur sud-ouest, j'ai l'habitude d'y placer un tableau représentant une belle image de montagne ou un globe terrestre qui symbolise l'élément terre du secteur. Pour assurer le bonheur familial, un beau tableau de la pivoine sera très approprié. Pour attirer l'énergie de l'amour, placez au secteur sud-ouest des cristaux de quartz.

Évitez cependant des plantes vertes au secteur sud-ouest de votre demeure car l'élément bois nuira à l'élément terre du secteur. Trop de meubles en bois seront aussi peu bénéfiques.

Si votre chambre à coucher se trouve au sud-ouest, ce sera très bénéfique pour une femme. Les toilettes ne devraient pas se trouver dans le secteur de matriarche car les salles de bain sont cause de maladie et des problèmes de la mère : carrière insatisfaisante, vie amoureuse difficile, communication ardue. D'ailleurs, lorsque le secteur de la mère est affligé par les toilettes, les filles en âge de se marier auront de la difficulté à trouver un bon mari. Pour les garçons, il réduira aussi leur chance de mariage et leurs épouses seront mal acceptées dans la famille.

J'ai remarqué aussi que la communication entre la mère et ses filles est difficile lorsque les salles de bain se trouvent au sud-ouest. Pour remédier à la situation, je vous suggère d'y placer un carillon à cinq tubes en métal. Vous pouvez y placer une pile de cailloux liée avec un fil rouge.

Secret : Lorsque vous avez un lit double, assurez-vous qu'il y ait un seul matelas. Vous ne devez jamais avoir deux matelas, car cela crée symboliquement une séparation au milieu du couple qui couche dans ce lit. Un lit double ayant deux matelas est considéré comme très mauvais pour l'avenir du mariage.

Activez votre secteur du patriarche

D'après le Feng Shui, si vous prenez soin du secteur Nord-Ouest de votre demeure et vous vous occupez correctement de ses énergies, le père de la famille aura beaucoup de chance. Puisqu'en général, c'est lui qui subvient aux besoins de la famille.

Quand ce secteur fait défaut, la fortune du patriarche est sérieusement réduite. L'avancement dans la carrière ou l'accroissement du revenu sera affecté. Il arrive que la partie nord-ouest de votre maison soit manquante : cela signifie que la famille ne bénéficie pas non plus de la présence du patriarche. Pour une femme célibataire, elle aura de la difficulté à trouver un mari et pour un couple marié, le conjoint s'absentera souvent de la maison pour affaires ou parce qu'il a une seconde famille.

Il va sans dire que les toilettes et les salles de bain ne doivent pas se trouver au secteur Nord-Ouest, car le père de la famille aura de grandes difficultés dans sa vie et sa chance sera sérieusement affectée. D'ailleurs le secteur nord-ouest représente aussi l'aide des bienfaiteurs ainsi que les nouvelles opportunités dans votre vie.

Étant donné que l'élément du secteur de patriarche est métal, évitez d'y placer un foyer ou encore la cuisinière. L'élément feu détruira l'énergie du métal nécessaire au succès du père. Si la chambre des maîtres se trouve au nord-ouest, elle sera bénéfique pour le père.

Pour activer le secteur nord-ouest, vous devriez privilégier les objets de décoration en métal : argent, cuivre, laiton, fer forgé. C'est un bon emplacement pour les téléviseurs et les systèmes de son. Un carillon à six tubes en métal sera très bénéfique pour le secteur. Si le secteur nord-ouest se trouve dans votre salon, placez un fauteuil à l'aspect imposant qui suggère le pouvoir, l'influence et le succès. Pour renforcer l'élément métal, vous pouvez utiliser des images de terre : montagne, mappemonde ou des objets de décoration en terre cuite ou en céramique. Il sera très bénéfique d'avoir un globe terrestre au nord-ouest pour solliciter l'aide puissante de l'univers. Si vous avez des photos de gens décédés, c'est au nord-ouest que vous devez les placer. En faisant ainsi, vous demandez de l'aide de ces disparus. Chez moi, je place toujours au nord-ouest une statue de Bouddha en bronze qui me procure une protection divine.

Au secteur du père, évitez d'utiliser trop de ton rouge ou orange dans votre décoration. Préférez des tons de beige, de jaune, de brun, or ou argent.

Secret : Si votre bureau se trouve au secteur nord-ouest de votre maison et si vous êtes un homme, ce sera très bénéfique. Préférez des meubles en métal : bureau, classeurs. D'ailleurs, les imprimantes et les télécopieurs doivent être placés au coin nord-ouest ou ouest de votre bureau.

L'énergie de la famille

Dans la conception chinoise de la vie, la vie d'un homme n'a pas de sens, s'il ne fait pas partie d'une famille. En Feng Shui, le bien-être de la famille, le nom de la famille et les descendants de la famille sont des attributs importants. La destinée n'est pas considérée favorable quand on n'a pas de famille.

Pour renforcer la bonne influence familiale qui implique que les membres de la famille soient unis, loyaux et se dévouent les uns aux autres, il y a deux secteurs dans la maison auxquels vous devriez porter une attention particulière : l'Est et le centre de votre demeure.

Le secteur Est représente les résidant sous le toit et la famille au sens le plus large (beaux parents, grands parents etc.). Placez dans ce secteur de grandes plantes en santé et aussi des photos des membres de votre famille. Chaque membre de la famille doit figurer dans la photo, et chacun doit sembler heureux, être bien habillé et avoir l'air prospère. Prenez garde de ne pas y placer des photos de membres de la famille malades ou décédés. Je vous suggère d'accrocher une photo ou l'image d'un bel arbre fruitier qui symbolise une famille nombreuse avec beaucoup de descendants.

Pour renforcer l'influence familiale, un autre secteur important à considérer sera le centre de votre demeure qui représente le cœur de la famille. Lorsque le cœur est en santé et bat convenablement, tout le reste aura du bon Feng Shui. Il est préférable que le centre de votre demeure soit libre et inoccupé. Si non, les pièces qui doivent se trouver au centre devraient être le salon ou la salle à dîner où les membres de la famille se réunissent.

Le centre de la maison s'associe à l'élément terre. Donc, il sera très bénéfique d'y placer des objets en terre cuite ou en céramique et des images de montagnes.

Si vous avez des meubles à cet endroit, favorisez la forme carrée ou large rectangulaire. Un lustre en cristal au centre sera aussi très bénéfique au niveau de l'énergie. La lumière au centre renforcera l'énergie familiale et la santé. Évitez de mettre des grandes plantes vertes dans ce secteur car l'élément bois détruit l'énergie de la terre. Les couleurs favorables au centre doivent être dans les tons de jaune, beige, rouge et orange.

Évitez de placer les toilettes, les salles des bains ou les salles de débarras au centre. Les toilettes créent une grande quantité de sha chi qui perturbe grandement l'équilibre de votre famille. Je vous suggère de fermer toujours la porte des toilettes et de rabaisser le couvercle de la cuvette pour minimiser les dégâts. Il sera bénéfique de placer un carillon en métal à cinq tubes dans les toilettes ou les salles de bain pour neutraliser le chi destructeur.

Il est fortement recommandé de ne pas placer un escalier au centre de votre maison, surtout un escalier en spirale qui symbolise le tire-bouchon mortel vrillant dans le cœur de la maison. Les escaliers au centre vous causeront la désharmonie familiale, de graves ennuis de santé et le déséquilibre de votre vie.

Secret : *Si vous avez la charte de généalogie de votre famille, placez la au secteur Est ou au centre de votre demeure. Cela permettra de consolider les liens familiaux.*

La place de chaque membre de la famille dans une maison

Les huit côté du Bagua symbolisent l'essence de la famille comprenant le père, la mère, les trois fils et les trois filles. Chaque individu se voit attribuer une direction qui sert de premier repère pour indiquer l'emplacement bénéfique de la maison et convenant le mieux à chaque membre de la famille.

L'affectation des secteurs est fondée sur le Bagua et les points cardinaux de la boussole. La place du père correspond au secteur Nord-Ouest de la maison, représenté par le trigramme Chien qui veut dire le ciel ou chef. Il sera préférable que sa chambre ou son bureau se trouve au nord-ouest. Si on s'occupe correctement de l'énergie de ce secteur, le père de la famille connaîtra beaucoup de succès.

Étant donné que le secteur nord-ouest est associé au métal, préférez des objets de décoration en argent, en fer forgé, en laiton et en cuivre. Évitez des lumières trop vives dans ce secteur et les sources de chaleur excessive telles que celles du foyer ou de la cuisinière.

Si le secteur du père est important, le secteur de la mère s'avère encore plus crucial. En effet, si le secteur sud-ouest est négligé et en désordre, la chance de toute la famille sera gravement affectée. C'est un excellent secteur pour la chambre de maître ou le bureau de la mère. Les toilettes ou la salle des bains ne doit pas se trouver dans cette partie de la maison car elle est la cause de maladie et de problèmes relationnels pour la mère.

L'énergie du secteur de la mère est associée à l'élément Terre. Donc, il est fortement recommandé de décorer le secteur avec des objets en terre cuite, en céramique ou en porcelaine. Évitez les meubles en bois ou les plantes vertes.

Votre photo de couple sera très appropriée au secteur sud-ouest. Votre chambre principale au nord-ouest ou sud-ouest sera très favorable. Il n'est pas toujours recommandé de placer les chambres de vos enfants dans ces deux secteurs car ils auront tendance à vous manipuler.

Pour les fils de famille, il y a trois endroits pour placer leurs chambres : nord, nord-est et est. Ces directions n'indiquent que l'endroit idéal pour leurs chambres. Pour la direction du lit, vous devriez l'orienter selon les directions de leurs chiffres Kua. Vous devriez installer votre fils ainé à l'est, votre fils benjamin au nord-est et votre fils cadet au nord.

Pour les filles, le sud, l'ouest et le sud-est leur conviennent très bien. Les filles installées à ces endroits verront leur bien-être et leur bonheur accrus considérablement. Vous devriez installer votre fille ainée au sud-est, votre fille cadette au sud et votre fille benjamine à l'ouest.

Secret : Si vous avez une fontaine ou un aquarium, il ne faut jamais l'installer directement sous un escalier. Ceci attirera la malchance sur les fils et les filles de la famille. D'ailleurs, il est fortement recommandé de ne pas installer une fontaine d'eau, un aquarium de poissons ou de tortues dans les chambres de vos enfants. Ceci risque d'affecter leur développement et de causer des maladies.

Le Feng Shui pour la réussite de vos enfants

Dans la maison, vous devriez vous occuper de l'énergie du secteur ouest si vous souhaitez que vos enfants aient une bonne santé, réussissent aux études et soient heureux. Le secteur ouest doit être exempt de désordre et de débarras. Une chambre en désordre bloque la circulation d'énergie et a une influence négative sur le comportement de vos enfants. Ce secteur est associé à l'élément métal. Si c'est leur bureau, privilégiez des meubles en métal plutôt qu'en bois.

Pour stimuler l'énergie du métal, vous pouvez installer au secteur ouest un carillon à six tubes en métal, une horloge, des objets de forme ronde ou encore des appareils électroniques : téléviseur, système de son.

Il est important que la chambre de vos enfants soit bien rangée et organisée pour favoriser la présence du chi positif. Installez des éléments de rangement adaptés et encouragez vos enfants à y placer des jouets avant de se coucher. Pour qu'ils réussissent bien aux études, placez une bibliothèque ou un cristal de quartz au coin nord-est de leurs chambres.

Pour le lit, préférez des matériaux naturels, avec des angles arrondis. Ceux-ci ont un double avantage : ils permettent au chi de circuler librement et ils sont moins dangereux en cas de chute. D'ailleurs, placez les lits de vos enfants pour qu'ils puissent voir qui entre dans leurs chambres sans avoir besoin de tourner la tête. Pour que vos enfants soient organisés et gardent leurs chambres propres, installez un carillon en métal à six tubes au coin ouest et nord-ouest de leurs chambres.

Il est important que les lits de vos enfants soient placés dans les bonnes directions. La tête de leur lit doit être orientée vers sa direction sheng chi ou nien yen selon leur chiffre Kua.

Chiffre Kua	Direction sheng chi	Direction nien yen
1	SE	Sud
2	NE	NO
3	Sud	SE
4	Nord	Est
6	Ouest	SO
7	NO	NE
8	SO	O
9	E	N

Évitez d'entasser trop d'objets sous le lit, car cela peut également provoquer des insomnies. Enfin, évitez de placer la tête du lit sous une fenêtre : celle-ci n'offre pas le même soutien qu'un mur et favorise un flux de chi actif qui empêchera l'enfant de dormir.

Secret : Les portes d'une pièce disposées en angle (oblique) ont un effet déséquilibrant. Ce genre de porte cause des troubles physiques (mal de dos et des problèmes d'articulation), des désordres émotionnels et des risques d'accidents. Pour remédier à la situation, placez deux boules de cristal de part et d'autre de la porte.

Le Feng Shui peut aider à la procréation

Le Feng Shui offre de grands espoirs aux couples sans enfant. Si vous voulez des enfants mais que vous ayez du mal à en concevoir ou à adopter, il se peut qu'il y ait un blocage et des obstacles liés à l'influence de descendance.

Tout d'abord, vous devriez vérifier si le secteur Ouest de votre demeure, qui représente l'enfant, n'est pas désordonné, sombre ou sale. Les toilettes ou salles de bain dans cette partie de la maison ne favorisent pas la procréation. Lorsque ce secteur est bien aménagé Feng Shui, vous favorisez l'harmonie familiale et augmenterez vos chances de procréer. Pour renforcer les résultats, vous pouvez activer aussi le coin ouest de votre chambre à coucher.

Le secteur ouest est associé à l'élément métal. Donc, il est recommandé de placer au coin ouest des objets en métal : mobiles musicaux, clochette, système de son, téléviseur etc. Vous pouvez utiliser aussi des objets de terre (cristaux, céramique et terre cuite) pour renforcer l'énergie du métal.

Sur les murs, ayez les affiches ou images des enfants enjoués et heureux. Pour aider à la procréation, je vous dévoile les méthodes les plus utilisées en Feng Shui et qui donnent des résultats très positifs.

- Déesse Kuan Yin :

Presque toutes les femmes en Chine qui désirent avoir des enfants ont eu recours à la déesse de compassion Kuan Yin. Les femmes l'on invoquée dans leurs prières, comme Tara tibétain, le Madonna chrétien. Kuan Yin est l'une des plus aimées dans la tradition chinoise. Comme Artemis, elle est une déesse vierge protégeant les femmes, qui leur offre une alternative au mariage et accorde des enfants à celles qui le désirent.

Il est simple d'identifier la déesse Kuan Yin. Dans une de ses mains, elle peut tenir une branche de saule, un vase avec de l'eau ou une fleur de lotus. La branche de saule est employée pour guérir les maladies et apaiser les peines. Elle procure la paix physique et spirituelle. La main droite se dirige souvent vers le bas, la paume faisant face à l'extérieur, symbolisant le maintien pour recevoir une prière et accorder un souhait.

Déesse Kuan Yin

En tant que sublime déesse de la Miséricorde, dont la beauté, la grâce et la compassion représentent l'idéal de la féminité en Orient, elle est souvent représentée comme une femme mince, vêtue en robe blanche flottante et qui porte dans sa main gauche un lotus blanc, symbole de la pureté. Des ornements peuvent compléter sa tenue, symbolisant sa réalisation en tant que bodhisattva; elle peut aussi être représentée sans eux, en représentation de sa grande vertu. Si votre couple désire avoir des enfants, placez la statue de Kuan Yin dans votre chambre ; vous devez la prier pour demander de l'aide. Vous pouvez vous procurer facilement des statues de Kuan Yin dans les boutiques de décoration chinoise.

• Le bol de riz :

En Chine, le riz signifie l'abondance et la fertilité. Le riz symbolise l'atteinte de résultats fructueux après de grands efforts en vue de récolter la moisson. Je vous recommande de placer un bol en céramique en dessous de votre lit. À l'intérieur du bol, vous verserez des grains de riz (non cuit). Vous pouvez y ajouter une petite statue de lapin qui symbolise la fertilité. Plusieurs femmes ont essayé cette méthode et ont réussi à avoir des enfants.

Une paire d'éléphant :

Je connais une amie qui a trois filles et qui désirait avoir un garçon, mais sans succès. Je lui ai suggéré de placer une paire d'éléphant en céramique dans sa chambre, de chaque côté de la porte. Pourquoi les éléphants? Selon la croyance des Chinois, l'éléphant symbolise la fertilité pour la conception d'un enfant mâle. Elle était très sceptique face à ma recommandation mais elle a suivi mon conseil. Cinq mois après, elle était enceinte et à sa grande joie, elle a donné naissance à un garçon.

• *Énergiser* l'influence de la descendance :

Pour *énergiser* l'influence de la descendance, choisissez votre chambre à coucher dans le secteur qui correspond à la direction nien yen de votre conjoint.

Voici la direction nien yen selon le chiffre Kua de votre conjoint (référez-vous à la page 31).

Chiffre Kua	Direction nien yen
1	Sud
2	NO
3	SE
4	Est
6	SO

Chiffre Kua	Direction nien yen
7	NE
8	O
9	N

Si votre conjoint est né en 1960, son chiffre Kua est 4. Donc, sa direction nien yen est Est. Pour aider à la procréation, placez votre chambre principale dans la partie est de votre demeure, si c'est possible. Et pour être plus efficace, dirigez aussi la tête de votre lit dans la direction est.

• Photos des enfants :

Pour favoriser la procréation, je vous suggère de placer des photos ou des images d'enfants dans votre chambre à coucher. Choisissez les images d'enfants qui paraissent heureux. Si vous pouvez placer ces images sur le mur ouest de votre chambre, ce sera encore mieux.

Secret : Placez une belle peinture de pivoine au salon pour assurer le bonheur familial. Cependant, évitez de placer la pivoine dans votre chambre lorsque vous êtes déjà en couple car cela peut causer l'infidélité.

SECRET 91

L'énergie hostile du yang

La longévité et la bonne santé ont toujours été des préoccupations majeures pour les Chinois. Les textes classiques traitant de la médecine chinoise et de la thérapie par les plantes décrivent d'ordinaire la maladie et l'indisposition en termes de yin et yang. Trop de yin ou de yang, que ce soit dans l'air ou dans la nourriture que nous consommons, fera en sorte que des énergies hostiles attaqueront le corps.

Selon la médecine chinoise, le vent représente l'énergie yang hostile. On le considère comme la principale cause de diverses maladies, par exemple le rhume. Il est recommandé de ne pas habiter dans des zones où le vent souffle en permanence, par exemple au bord de lacs, de plaines, ainsi que sur des pentes exposées au vent.

Les « tunnels à vent », également à éviter, correspondent souvent aux vallées et aux gorges. Les vents tourbillonnants ou créant des « entonnoirs » sont nuisibles, car ils déracinent l'énergie et l'emmènent avec eux, stérilisant ainsi la terre. L'eau du vent est un aspect encore plus dangereux. Ceci se produit lorsqu'on ne s'est pas protégé contre le vent qui a réussi à s'infiltrer dans le corps. L'énergie hostile yang aura eu le temps d'atteindre les organes internes. L'énergie hostile yang résulte d'un trop plein d'énergie yang, soit à l'intérieur du corps, par l'absorption trop abondante de nourriture yang, soit dans l'environnement, du fait d'un déséquilibre de Feng Shui. Donc, il sera sage de ne pas consommer trop d'alimentation yang. Vous devriez faire un choix équilibré de votre alimentation pour être en santé. Les aliments yang sont considérés comme « chauds et toniques » et recommandés aux personnes âgées. Les plus jeunes peuvent manger davantage d'aliments yin, « froids ».

Voici quelques exemples de l'alimentation yin et yang :

Alimentation YIN	Alimentation YANG
Viande porc	Viande du bœuf
Poissons	Crevettes
Crudités	Viande du poulet
Yogourt	Épices
Lait de vache	Céréales
Aubergine	Ail et l'oignon
Riz	Piment
Sucre	Sel
Pomme de terre	Lait de chèvre

Secret : Une respiration lente et rythmée régularise le rythme cardiaque et revitalise le métabolisme. Lorsque vous êtes en colère, votre respiration s'accélère et votre rythme cardiaque aussi. Donc, il y a beaucoup trop d'énergie yang en vous. Ceci crée un déséquilibre de toutes vos glandes. Après une colère, le corps aura besoin d'un minimum de 48 heures pour régulariser le métabolisme qui a été gravement perturbé. Une respiration lente et rythmée engendre l'équilibre intérieur, le calme et l'assurance. Les sentiments d'anxiété, d'agitation, d'insomnie, le manque d'assurance, la peur naissent d'une respiration inadéquate.

Les toilettes, sources principales des problèmes de santé

Les toilettes appartiennent à l'élément Eau et sont donc une source d'énergie yin. L'énergie des toilettes est sale et malsaine. Un mauvais emplacement des toilettes peut porter atteinte gravement à la santé.

Voici les emplacements des toilettes pouvant vous causer des ennuis de santé :

• Au dessus de la chambre à coucher :

Le chi négatif et malpropre de la salle de bain s'infiltre dans la chambre à coucher et porte préjudice à la santé. Je vous recommande de déplacer votre chambre ailleurs. Si ce n'est pas possible, suspendez une boule de cristal au plafond, placez au moins deux plantes vertes dans la chambre et installez une lampe au plafond, la lumière dirigée vers le haut;

• Au dessus de la cuisinière ou de la salle à manger :

En Feng Shui, la cuisinière représente la santé et la prospérité. D'ailleurs, c'est aussi l'endroit où on prépare la nourriture. L'énergie d'eau des salles de bain éteint l'énergie feu du four. Cela affecte la prospérité de la famille et menace la santé des habitants. La salle à dîner étant l'endroit où on mange, l'énergie doit y être saine si on veut être en bonne santé. Le mauvais chi de la salle de bain affecte la valeur des nutriments qu'on consomme. Si vous avez des lampes au plafond, dirigez la lumière vers le haut pour repousser le mauvais chi. Placez des plantes vertes dans les pièces affectées.

• Au dessus de la porte d'entrée principale :

Les énergies sales des salles de bain et de la tuyauterie émanent vers le bas et contaminent l'énergie entrant de la maison. Par la suite, elles se répandent partout. Vous risquez d'avoir des troubles de santé, de manque de vitalité et d'abondance. Pour minimiser les effets négatifs, essayez d'utiliser le moins possible les salles de bain.

• À côté de la chambre à coucher :

Lorsque vous avez une chasse d'eau donnant sur le mur derrière le lit, vous pouvez avoir des troubles de sommeil et des ennuis de santé, car le chi des toilettes traverse le mur et attaque votre tête. Changez alors le lit de place ou placez un meuble entre le mur et la tête du lit.

• Face à la porte d'entrée principale :

Toute bonne énergie qui entre dans votre demeure risque d'être expulsée dehors par les chasses d'eau. Je vous recommande de fermer toujours les portes des toilettes et placez un miroir sur la porte (à l'intérieur).

Pour supprimer l'énergie yin dans les toilettes, je vous recommande de suspendre un carillon en métal à cinq tubes. Vous pouvez apportez plus d'énergie yang dans la salle de bain avec des serviettes rouges ou encore avec des accessoires en acier inoxydable.

Secret : *La tortue est l'un des quatre animaux célestes de la cosmologie Feng Shui. La tortue symbolise les aspects merveilleux de la bonne fortune, mais son attribut le plus remarquable est le symbole de la longévité. La tortue incarne aussi la protection. Si vous voulez bénéficier d'une bonne santé, placez une figurine de tortue dans la partie Est de votre demeure. Il est préférable d'avoir trois tortues à cet endroit. Un autre symbole de la longévité est la pêche qui symbolise l'immortalité. Exposer des images de pêche ou de pêcheur dans la maison sera très bénéfique.*

Voir la santé en couleur

La couleur a une grande influence sur notre univers et sur notre corps. D'abord, la couleur nous permet de distinguer ce qui existe et ce qui n'existe pas. Ensuite, elle nous permet d'évaluer la santé d'une personne en nous basant sur l'examen chromatique de son visage ou de son chi. La couleur est aussi génératrice d'états émotionnels. Par exemple, le bleu représente le calme, le vert symbolise la croissance et la vitalité. Les couleurs influencent notre chi. Certaines nous dépriment, d'autres nous détendent ou nous stimulent. Par exemple, un salon peint en bleu ou en vert nous permet de relaxer et nous aide à éliminer le stress tandis qu'une chambre peinte en rouge peut troubler le sommeil.

Si vous désirez améliorer votre santé et renforcer votre énergie, portez plus de couleurs de vêtements qui conviennent aux éléments de votre nombre Kua (référez-vous à la page 31 pour connaître votre chiffre KUA).

Si votre chiffre Kua est :

Kua 1 : bleu, noir, blanc, gris, or

Kua 2 : jaune, brun, beige, rouge, orange, violet

Kua 3 : vert, marron, bleu, noir

Kua 4 : bleu, noir, vert

Kua 6 : blanc, gris, or, jaune, beige, brun

Kua 7 : blanc, gris, or, argent, jaune, beige

Kua 8 : jaune, beige, brun, rouge, orange, violet

D'ailleurs, en portant des vêtements de certaine couleur, vous pourriez améliorer vos émotions et vos malaises physiques:

Passivité : rouge

Paranoïa : rouge

Hypersensibilité : jaune, beige, brun

Colérique : bleu ou noir

Dépression : vert, violet, rouge

Manque de confiance : vert, rouge

Pneumonie/Bronchite : blanc, gris, argent

Douleurs gastriques : jaune ou rouge

Pensées suicidaires : vert, rouge

Obésité : blanc

Hypertension : noir, bleu, vert clair

Secret : *La couleur blanche renforce les poumons. Si vous avez des problèmes d'asthme ou des voies respiratoires, habillez-vous en blanc ou portez plus de bijoux en argent. Consommez des blancs d'œuf, du poisson, du poulet ou encore des coquilles St-Jacques pour renforcer votre système respiratoire.*

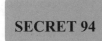

Le garage peut affecter votre santé

En Feng Shui, il est préférable que le garage soit indépendant de la maison, parce que le mouvement des voitures, porteur du chi malpropre, perturbe le flux énergétique et brouille celui baignant l'intérieur de la maison. En séparant le garage de la maison, on isole le chi perturbateur et l'on arrête ainsi la propagation du mauvais chi aux zones d'habitation.

De nos jours, la plupart des garages font partie de la maison. Il arrive souvent que les occupants choisissent d'entrer chez eux directement par la porte du garage. En faisant ainsi, au lieu de faire entrer le chi propre dans la maison, on fera entrer le chi pollué du garage, celui-ci étant nuisible pour la santé.

Même si le garage n'est pas une pièce habitable, il est important qu'il soit dans un état de propreté impeccable. Votre garage ne doit pas être un fouillis où vous entreposez toute sorte d'objets inutiles ou encore vos débarras. Jetez ou donnez tout ce qui ne vous est plus utile. Utilisez des étagères pour ranger ou entreposer vos produits d'entretien de voiture, des outils etc.

Nettoyez régulièrement votre garage pour enlever la poussière, la saleté et les tâches d'huile. Enlevez régulièrement les toiles d'araignées, vérifiez les gonds des portes.

Il y a certaines règles de base concernant le garage, afin d'en minimiser ses effets négatifs sur la santé :

• Si le garage est accolé à la maison, il ne faut pas localiser derrière le garage des pièces importantes telles que la chambre, le salon ou la salle à manger. Le mauvais chi du garage entre directement dans ces pièces.

• Le garage ne doit pas être situé au dessus ou sous une chambre, car des gaz de combustion toxiques risquent de contaminer l'énergie de votre chambre et vous causeront des problèmes de santé;

• Garez toujours la voiture par l'avant dans le garage afin que les gaz d'échappements puissent sortir vers l'extérieur du garage. Il est d'ailleurs préférable que votre garage ait des fenêtres pour assurer une meilleure ventilation.

Secret : Il ne faut pas que le fourneau soit situé sous les poutres du plafond pour éviter que l'énergie agressive, rabattue vers le bas par les poutres, ne vienne perturber le fourneau et la cuisinière. Si non, la qualité des aliments sera atténuée et la santé de la personne en sera affectée.

Supprimez l'étoile des maladies

Dans l'étude avancée du Feng Shui, l'étude des étoiles volantes nous permet de déterminer les espaces de la maison qui peuvent être affectées par les étoiles porteuses de maladie à chaque année. Pour comprendre l'étude des étoiles volantes et apprendre comment l'interpréter, il vous faut des connaissances approfondies du Feng Shui.

Pour vous simplifier la tâche, j'ai préparé pour vous l'emplacement des étoiles des maladies pour les dix prochaines années. Vous trouverez deux secteurs de votre maison qui seront affligés par l'étoile des maladies :

Année	Secteur affligé	Secteur très affligé
2008	Nord-ouest	Sud
2009	Ouest	Nord
2010	Nord-est	Sud-ouest
2011	Sud	Est
2012	Nord	Sud-est
2013	Sud-ouest	Centre
2014	Est	Nord-ouest
2015	Sud-est	Ouest
2016	Centre	Nord-est
2017	Nord-ouest	Sud

Lorsque le secteur est affligé ou très affligé, je vous recommande de ne pas y placer votre chambre à coucher. Pour neutraliser les énergies de l'étoile des maladies, je vous suggère la cure de solution salée qui est très efficace.

Voici les préparations à faire pour une cure de solution salée:

1- Choisissez un contenant en verre de petite taille. Remplissez les trois quarts du contenant du sel de mer;

2- Placez six pièces de monnaie chinoise au dessus du sel. La face yang de la monnaie doit se diriger vers le haut (la face ayant quatre lettres chinoises). Vous pouvez remplacer les pièces de monnaie chinoise par celles de votre pays;

3- Remplissez au complet le contenant avec de l'eau. Ne vous souciez pas si les pièces de monnaie sont enfouies dans le sel;

4- Laissez le contenant à découvert. Placez-le au secteur affligé et dans un coin où personne ne doit y toucher. Placez une assiette sous votre contenant pour protéger votre plancher;

5- En quelques semaines, vous verrez que le contenant commencera à se givrer. C'est un bon signe, il commence à absorber les énergies des maladies;

6- À chaque trois mois, jetez le tout et recommencez. (utilisez les gants lorsque vous avez à manipuler le contenant).

Secret : Pour perdre du poids, utilisez plus de ton bleu dans votre salle à dîner : des assiettes bleues, des verres bleu et une nappe bleue. La couleur bleue apaise et détend. Vous mangerez plus lentement et la digestion en sera meilleure. Vous obtiendrez le même effet lorsque vous accrochez un tableau représentant un paysage d'eau face à votre position assise dans la salle à dîner.

Surveillez votre secteur de santé

Le secteur de la santé et de la famille est associé au secteur Est du Bagua et de la maison. L'élément relié à la santé est le bois fort, symbolisé par les plantes vigoureuses et le vert. La santé apporte l'équilibre à votre vie et à votre maison. Elle constitue la base indispensable de toute vie heureuse. Avec la boussole, déterminez où se trouve la partie Est de votre maison. Vous savez que le soleil se lève à l'est, donc, il sera facile pour vous de localiser le secteur de la santé. Il est très favorable d'y installer une grande plante verte à feuilles arrondies. Si votre plante est malade ou morte, remplacez-là immédiatement par une autre. Les pousses de bambou sont très conseillées pour *énergiser* la zone de santé. Des images de fleurs et de boisés seront aussi très bénéfiques. Évitez d'y placer des cactus et des bonzaïs qui sont nuisibles au chi de la santé.

Veillez à qu'il n'y ait pas de désordre dans cette zone. Ne laissez pas ce secteur sombre. Éclairez-le avec de la belle lumière. Pour les décorations, je vous suggère d'y accrocher des tableaux représentant des pêches, symboles d'immortalité ou mettez des objets en céramique ou des petits arbres en jade avec 6 ou 8 pêches. Il sera aussi bénéfique d'installer une petite fontaine d'eau au secteur Est de votre demeure. La circulation d'eau renouvelle l'énergie et stimule l'énergie de santé.

Dans la partie Est de votre jardin, placez une sculpture représentant un couple de grues, symbole de longévité.

Secret : Un réfrigérateur, un congélateur et des placards bien remplis symbolisent la richesse de la famille et le fait de posséder en permanence une réserve de provisions est le signe que la famille restera toujours en bonne santé et heureuse. Cependant, veillez à ne pas conserver des denrées au-delà de leur date de péremption, car cela crée des énergies négatives.

Votre chambre Feng Shui pour une meilleure santé

La chambre à coucher est l'une des pièces les plus importantes de la maison : c'est là que nous allons nous détendre après une longue journée de travail. C'est aussi là que nous prenons un sommeil réparateur et essentiel pour notre santé et nos relations avec autrui.

La chambre est un endroit de repos où les couleurs yin apaisantes doivent être présentes dans les rideaux, les tentures et les tapis. Les couleurs de ton vert et bleu sont recommandées. Évitez des couleurs trop foncées qui génèrent des énergies yang pouvant troubler le sommeil. Cependant, un excès de yin peut créer une certaine vulnérabilité à la maladie. Dans la chambre, préférez des lumières tamisées plutôt que les lumières vives. Ajoutez un peu d'énergie yang dans la pièce avec des tons rouges, roses dans la décoration pour donner du tonus et nourrir le chi.

L'endroit où on dort est ainsi comparé à un lieu de refuge, une sorte de sanctuaire. La chambre à coucher doit être la partie la plus protégée de la maison étant donné que nous sommes extrêmement vulnérables pendant que nous dormons.

Voici mes recommandations concernant la chambre à coucher et ce pour préserver une bonne santé :

• La chambre ne doit avoir qu'une porte pour ne pas laisser s'échapper l'énergie bienfaisante. Le sommeil étant une manière de faire le plein d'énergie, le corps en pleine léthargie doit pouvoir en bénéficier;

• La chambre doit toujours être propre et sans désordre, car celui-ci peut provoquer la stagnation de l'énergie. Afin de renforcer les qualités yin et le calme du lieu, privilégiez des tissus doux et légers, des housses de couettes en coton ou en lin;

• La chambre ne doit pas se situer à côté, en face, en dessous ou au dessus d'une cuisine. Les rayons émis par les appareils ménagers traversent les murs et portent préjudice à la santé;

• La chambre ne doit pas avoir de plafond en forme de toit cathédrale (en forme de V inversé) qui piège l'énergie négative. Ce danger est augmenté par le fait d'être endormi;

• Les placards suspendus au dessus de la tête de lit ont les mêmes effets négatifs que les poutres. Le chi négatif descend sur le lit, ce qui peut provoquer des maux de tête et des insomnies;

• La porte de la chambre ne doit pas être dans l'alignement de celle des toilettes, d'une autre porte ou de l'escalier. Le chi circule en ligne droite et vous attaque durant le sommeil;

• Assurez-vous que le lit ne soit pas reflété dans l'écran du téléviseur ou le miroir, sous peine d'insomnie, de maladie et de tension dans le couple;

• Préférez des lits en bois qui symbolisent la santé et la vitalité. Les lits en bois naturel favorisent un sommeil paisible, car ils n'affectent pas l'énergie de la pièce. Évitez les lits d'eau, les lits électriques et les lits en métal;

• Évitez les angles aigus des murs, de la penderie ou d'un autre meuble car ils représentent les flèches empoisonnées qui pourraient être émises en direction du lit, causant ainsi des troubles de sommeil. Cachez-les avec une étoffe, une plante ou un vase décoratif;

• Ne pas placer votre chambre à côté d'une salle de séjour ou de la salle de jeu, où il y a du bruit. Même si c'est calme la nuit, l'énergie agitée qui s'y est créée durant la journée demeure. Elle vient jusque dans la chambre et perturbe l'énergie paisible et provoque de l'agitation et des troubles de sommeil;

• Il est préférable que la chambre ne soit pas située au fond d'un long couloir. Trop de chi pourrait créer des troubles de sommeil et une augmentation de nervosité;

• Pour renforcer votre santé, essayez de diriger la tête de votre lit vers la direction de la santé selon votre chiffre Kua (voir la page 31) :

Chiffre Kua	Direction de la santé
1	Sud
2	Nord-ouest
3	Sud-est
4	Est
6	Sud-ouest
7	Nord-est
8	Ouest
9	Nord

Secret : *Il ne faut pas placer le lit directement sur le sol à moins de l'isoler d'en bas par un grand paillasson. L'énergie froide du sol et les rayons des câbles électriques installés dans le mur peuvent avoir des répercussions négatives sur la personne qui dort et engendrer des troubles de sommeil et des problèmes du cœur.*

Chapitre 11
Accroître votre succès et votre prospérité

SECRET 98

Renforcez l'énergie du succès et de la renommée

Si l'on se base sur l'arrangement du ciel du Bagua, le trigramme associé au succès, à la reconnaissance, au respect et à la renommée est Li. Ce trigramme est constitué par une ligne discontinue yin entre deux lignes continues yang. Il symbolise l'éclat du feu et de la lumière éblouissante du soleil. Il représente la gloire, l'adoration et l'acclamation des foules. Li symbolise la chaleur et l'activité.

L'énergie du succès est associée à l'élément feu et se trouve dans la partie Sud de votre demeure. Si ce secteur de la maison est disposé pour avoir un bon Feng Shui, le père de la maison ainsi que la famille entière bénéficiera d'une excellente réputation qui conférera de grands honneurs et de grandes louanges. Cette partie de la maison doit être plus yang. En effet, l'énergie du feu est souvent représentée par le rouge, les couleurs vives et éclatantes.

Si le secteur Sud de votre demeure est bien éclairé, empli de l'énergie yang et aménagé correctement selon l'art de Feng Shui, les occupants recevront beaucoup de reconnaissance du monde extérieur et pourront recevoir des promotions ou voir leur revenu augmenter.

Voici mes conseils pour *énergiser* le secteur de votre succès :

• Placez des éclairages, des bougies et des objets de couleur rouge dans le secteur sud de la maison ou de votre salon. Ce sera très bénéfique si vous installez un beau lustre de cristal dans cette partie de la maison. Lorsque la lumière reste allumée la majeure partie du jour et du soir, c'est le catalyseur le plus efficace pour créer l'abondance de la renommée;

• Un foyer au mur sud de votre salon est idéal et favorable. Outre qu'il génère une bonne énergie de l'élément feu au cours des mois d'hiver, le foyer agit comme un activateur pour attirer la chance de reconnaissance;

• Accrochez à la fenêtre du mur sud une boule sphérique de cristal pour attirer l'énergie yang du soleil et attirer les couleurs de l'arc-en-ciel dans la pièce;

• Accrochez au sud une image de soleil levant rouge ou encore une belle image de tournesol pour activer l'énergie du succès et le bon démarrage de vos projets;

• Les meubles en bois sont fortement recommandés dans la partie sud de votre demeure, car l'élément bois renforce l'énergie du feu. Des plantes vertes sont aussi très appropriées;

• Évitez d'y placer des éléments aquatiques : aquarium, fontaine d'eau ou des images d'eau comme les rivières et les lacs, qui risquent d'éteindre complètement votre succès. Une piscine au sud peut provoquer des désastres, surtout pour le chef de la famille;

• Allumez souvent des bougies rouges au sud pour raviver l'énergie du feu.

• Si votre bureau se trouve au sud, peignez les murs de ton rouge. Si vous ne voulez pas que votre pièce soit rouge, vous pouvez peindre seulement la porte en rouge vif ou en brun rouge;

Secret : *Vous pouvez accroître la richesse matérielle en enterrant une tirelire dans la partie ouest ou nord-ouest de votre arrière cour. Choisissez une tirelire en métal : argent, laiton, bronze ou fer forgé. Placez à l'intérieur des pièces de monnaie en or, des faux lingots d'or ou des bijoux. Le caractère chinois pour le métal signifie aussi l'or, qui représente la richesse.*

Améliorez votre chiffre d'affaires

Si vous avez un commerce de détail, le Feng Shui peut vous aider à accroître le volume d'affaires et en même temps votre prospérité. Voici les techniques que j'utilise souvent pour mon entreprise et qui donnent des résultats étonnants :

• **Amplifier l'énergie de prospérité de votre tiroir-caisse**

Pour amplifier la bonne énergie de vos affaires, je vous suggère d'accrocher le miroir sur le mur qui reflète le tiroir-caisse. Utilisez un grand miroir et non des petits miroirs. Plus le miroir est grand, plus vos profits seront accrus. Cependant, assurez-vous que le mur en face de la porte soit dépourvu de miroir. Sinon, vous risquerez de voir vos profits s'envoler;

• **Sonnez vos cloches :**

Lorsque vous visitez des boutiques chinoises, vous remarquerez très vite le son des cloches lorsque vous ouvrez les portes des magasins. Pour les propriétaires chinois, les cloches attirent les clients par leurs tintements. Je vous suggère d'utiliser des cloches en métal; vérifiez au préalable si le son est agréable. Attachez les cloches avec un fil rouge pour activer l'énergie du succès. Vous pouvez les installer à la poignée de la porte ou au dessus de la porte, de façon à ce que chaque fois que la porte s'ouvre, les cloches sonnent. Vous pouvez activer l'énergie de la richesse matérielle en plaçant une belle cloche de ton or au coin ouest ou nord-ouest de votre boutique;

• **Stimuler la croissance avec de l'eau :**

Pour stimuler la croissance de votre entreprise, un des moyens les plus efficaces sera de placer une petite fontaine d'eau au secteur Est de votre boutique. Choisissez une fontaine de bonne taille pour ne pas à ajouter de l'eau à tous les jours. Vous devriez la laisser rouler en tout temps pour faire circuler le chi des affaires;

• **Les trois pièces de monnaie :**

Attachez les trois pièces de monnaie chinoise avec un fil rouge et mettez-les en dessous du tapis à l'entrée de votre boutique. C'est un des meilleurs trucs pour activer et symboliser une source de revenu inépuisable de revenu. Le chiffre trois signifie la trinité : le ciel, l'homme et la terre. Vous demandez à la force combinée de l'univers de vous protéger. Le fil rouge représente l'élément feu qui active les résultats souhaités. Vous pouvez aussi coller les trois pièces de monnaie attachées au fil rouge dans votre tiroir-caisse, votre bourse ou votre portefeuille, pour la santé de votre revenu;

Secret : Les représentations de grenouille ne doivent pas être dans la cuisine ou dans la salle de bain. Dans ces endroits défavorables, la grenouille devient malveillante et attire le chi défavorable. Pour attirer la chance, ayez une petite statue de tortue qui vous attire l'influence favorable et la chance dans la maison. N'ayez pas de tortue vivante chez vous car elle vous attirera au contraire la malchance.

Activez l'étoile de la richesse

La formule de l'étoile volante en Feng Shui vous permettra de localiser l'étoile de la richesse de votre demeure. L'étoile de la richesse se déplace à chaque année et si vous l'activez correctement, vous obtiendrez une grande abondance.

Voici l'emplacement de l'étoile de la richesse :

Année	Emplacement de l'étoile
2008	Est
2009	Sud-est
2010	Centre
2011	Nord-ouest
2012	Ouest
2013	Nord-est
2014	Sud
2015	Nord
2016	Sud-ouest

Vous connaissez maintenant l'emplacement de l'étoile de la richesse pour chaque année. Voici comment faire pour l'activer.

• Fréquenter souvent la pièce :

Par exemple, on est en 2009. L'étoile de la richesse se trouve dans la partie sud-est de votre demeure. Un des moyens faciles pour l'activer sera de fréquenter le plus souvent la pièce où se trouve l'étoile de la richesse. Ce sera idéal si votre bureau ou votre salon se trouve à cet endroit. Le fait d'entrer et de sortir fréquemment la pièce activera automatiquement la prospérité; si la porte d'entrée se trouve là, ce sera excellent.

• Utiliser l'eau pour la richesse :

En Feng Shui, l'eau représente la richesse et le mouvement. En plaçant l'eau à l'endroit où se trouve l'étoile de la richesse, vous serez surpris de la croissance rapide de votre revenu. Pour obtenir les meilleurs résultats, je vous suggère d'y installer un aquarium ou encore une grande fontaine d'eau.

• Renforcer l'élément du feu :

Si vous ne pouvez pas ou ne désirez pas utiliser l'eau pour activer l'étoile, une autre façon sera d'utiliser les éléments du feu. Privilégiez des tons rouges dans ce secteur et augmentez l'énergie yang avec beaucoup de lumière.

Secret : Accrochez une paire de morceaux de bambou attachés avec du fil rouge, au dessus du tiroir-caisse. Cela favorise une circulation continuelle du chi favorable vers la caisse, canalisant une excellente influence pour la boutique.

Évitez la maison qui vous cause des problèmes financiers

Dans le choix d'un lieu où habiter, votre premier souci doit être la protection. Or, en Feng Shui, protection veut dire sécurité. Sécurité signifie protection contre les dangers pouvant menacer votre santé, vos finances, votre carrière, le bien-être ou vos relations. La maison ne représente pas uniquement le lieu de refuge mais aussi l'endroit où vous pouvez bâtir une fondation solide pour votre famille et consolider votre succès.

Voici les points-clés à prendre en considération si vous recherchez une protection efficace :

• N'habitez pas une maison située à proximité de montagnes à pic et de pentes rocheuses ou dans une zone où il y a beaucoup de falaises;

• Ne vivez pas dans une demeure construite sur une pente nue où l'apport en énergie solaire est excessif alors que l'apport en énergie terrestre, provenant de végétaux est insuffisant. D'ailleurs, évitez d'occuper une maison bâtie dans une vallée qui est toujours à l'ombre et où le soleil est faible ou inexistant;

• Si vous vivez près de l'eau, assurez-vous que le courant d'eau de la rivière ne soit pas trop rapide. Veillez à ce que le courant coule du devant vers l'arrière de la maison. Si c'est le cas inverse, vous risquez d'avoir de grandes pertes financières;

• Évitez les maisons situées à une intersection (coin de rue). Selon la mythologie des quatre créatures célestes, dragon, tigre, tortue et phénix, votre maison doit être bien entourée. Le fait que votre maison se trouve à une intersection, elle sera inoccupée et non protégée. Les occupants risquent de voir leur vie débalancée;

• Le terrain derrière votre maison doit toujours être plus élevé que le terrain qui est devant. Si votre porte de devant donne sur un terrain plus élevé, une montagne ou une haute bâtisse, vous ne pouvez pas avoir de prospérité;

• Votre maison ne doit pas être placée au voisinage d'un salon funéraire, d'un cimetière, d'un hôpital, d'une caserne de pompiers, d'un poste de police ou d'un commissariat, car le chi y sera négatif à une vie harmonieuse;

• En Feng Shui, il est recommandé que la maison soit localisée au centre du terrain. Lorsqu'elle se trouve située dans la partie arrière du terrain, ses occupants auront de la difficulté de cumuler la richesse;

• N'habitez pas une construction aux toits en cascade. Ce type de bâtiment inspire un sentiment de chute ou de glissement. Les occupants perdront de l'argent dans leurs investissements et la richesse familiale sera sérieusement affectée;

• Évitez d'habiter une maison construite au fond d'une impasse ou dans un cul-de-sac, l'énergie y est stagnante. Les occupants auront peu de nouvelles opportunités;

• Ne pas habiter en face d'une route qui se dirige directement vers la maison. L'énergie circule trop vite et crée ainsi une flèche empoisonnée qui causera beaucoup de malchance aux occupants;

Secret : Une demeure ne doit pas comporter trop de corridors. De plus, s'ils sont longs et sinueux, ils posent des problèmes particulièrement ardus, car ils transforment l'énergie positive en lui conférant un caractère destructeur.

Le vase de l'abondance

Dans plusieurs cultures, on doit garder le vase de l'abondance dans la demeure pour y attirer l'énergie de la prospérité. Voici une recette simple pour créer votre propre vase de l'abondance.

Voici les ingrédients dont vous aurez besoin :

- un vase en céramique d'au moins 9 pouces ou 22 centimètres de hauteur;

- une pincée de terre que vous prenez dans un jardin appartenant à quelqu'un ayant une très bonne situation financière;

- quelques pièces de monnaie de votre pays et des pays étrangers (pour obtenir le chi de l'étranger);

- une pièce de tissus de ton jaune ou or d'une largeur de 9 à 12 pouces ou 22 à 30 centimètres;

- une statuette de Bouddha ou d'une déité de votre choix;

- trois pièces de faux lingots d'or (vous les trouverez facilement dans les boutiques chinoises);

- trois pièces de monnaie chinoise;

- un faux bracelet de diamants ou une bague de qualité que vous ne portez plus;

- trois pièces de monnaie chinoise reliées par un fil rouge;

- un petit globe terrestre (s'il est en cristal, ce sera excellent);

- cinq sortes de céréales différentes : riz, avoine, lentilles, etc.

- des petites pierres semi-précieuses en cinq différentes couleurs et de préférence de même taille : bleu ou noir, vert, rouge, jaune et blanc);

- un petit miroir Bagua;

- cinq pièces de tissus de forme carrée de 6 pouces (17 cm) représentant cinq couleurs : bleu ou noir, vert, rouge, jaune et blanc;

- cinq rubans de couleurs bleu ou noir, vert, rouge, jaune et blanc;

Voici comment préparer votre vase :

- nettoyez le vase avec un linge humide et mettez-le au soleil entre 11 heures et 13 heures, pour le purifier et l'*énergétiser*;

- chantez dans le vase neuf fois le manda suivant : « om mani padme hum »;

- placez la terre au fond du vase et déposez-y vos pièces de monnaie;

- couvrez le tout avec le tissu jaune;

- ajoutez les autres ingrédients, excepté les cinq tissus en couleurs et les cinq rubans;

- chantez dans le vase neuf fois « om mani padme hum »;

- placez les cinq pièces de tissus à l'embouchure du vase selon l'ordre suivant : bleu ou noir, suivi par le vert, le rouge, le jaune et le blanc au dessus;

- attachez les cinq rubans autour du col du vase tout en chantant le mandra « om mani padme hum » neuf fois;

Une fois terminé, vous placerez le vase dans un endroit où les visiteurs ne peuvent voir, soit dans une armoire ou dans un buffet. Le meilleur endroit sera dans votre salon ou au secteur sud-est de votre demeure.

Enfin, il y a un rituel de renforcement que vous avez à effectuer à chaque jour et ce pour une période de neuf jours consécutifs. À chaque jour, vous visualisez que le vase brille et qu'il y émane des énergies vibrantes et rayonnantes de prospérité. Vous imaginez que ce vase vous rendra riche et vous donnera assez de l'argent pour acheter tout ce dont vous avez besoin.

Vous devez démontrer beaucoup de gratitude et d'appréciation pour les choses que vous imaginez avoir obtenues avec le vase de prospérité.

Après avoir terminé le rituel de neuf jours, vous n'ouvrez plus jamais le vase. Une fois par année, au jour de l'an chinois, vous nettoyez tout simplement l'extérieur du vase et répétez le rituel de renforcement durant neuf jours.

Pour le vase de l'abondance, il vous faut un peu de préparation mais cela en vaut la peine, car vous serez heureusement surpris des résultats très positifs sur votre richesse.

Secret : *Il n'est jamais considéré comme un bon Feng Shui que d'abattre votre immeuble d'origine et de reconstruire sur le même terrain. Si vous faites démolir le bâtiment qui a vu s'épanouir votre affaire familiale, vous risquez de condamner à mort votre entreprise. En endommageant les fondations du siège de votre société, c'est toute votre société que vous détériorez.*

Les principaux blocages de prospérité

Il y a plusieurs raisons qui expliquent pourquoi une personne a de la difficulté de cumuler de la richesse. Même si la personne réussit à être prospère, en peu de temps, la richesse disparaît. Voici les principales raisons :

• La rue où vous habitez :

Lorsque vous habitez sur un grand boulevard où il y a beaucoup de circulation, le chi a tendance à circuler trop vite et à passer tout droit devant votre demeure. Pour ralentir l'énergie, je vous suggère d'installer une fontaine d'eau, de planter des fleurs ou d'installer des roches devant la maison;

• Le terrain de l'arrière de la maison :

Il est important que le niveau de terrain de l'arrière soit plus élevé que l'avant. Si votre terrain a une pente descendante ou tombe dans un ravin, ce sera très néfaste pour la prospérité. Placez une piscine en arrière de la maison permettra de diminuer les effets négatifs car l'eau empêchera le chi de se perdre; sinon, installez une haie dans la partie arrière de votre maison;

• La porte d'entrée :

Assurez-vous que la porte s'ouvre complètement et sans heurt. Ne mettez rien en arrière de la porte. À l'extérieur, vous devriez installer les lumières près de la porte pour attirer le chi vers votre maison. Le numéro civique de votre maison doit être visible des deux côtés de la rue, être propre et bonne condition. Sinon, vous aurez de la difficulté de voir clairement ce que vous désirez dans votre vie et votre carrière en souffrira;

● Les escaliers :

La porte d'entrée ne doit pas faire face directement à un escalier qui monte. Toute la richesse descend de l'escalier et sort rapidement par la porte d'entrée. Placez une boule de cristal au plafond de l'entrée pour freiner la perte d'énergie. Si votre porte d'entrée fait face à un escalier qui descend, l'énergie descend directement au sous-sol et vous ne pourrez bénéficier du bon chi entrant. Si vous avez une porte au sous-sol, essayez de la garder toujours fermée;

● Les couloirs :

Lorsque votre entrée donne directement sur un long couloir (cette situation est fréquente dans les appartements), l'énergie circule trop rapidement vers l'arrière de la maison. On fait face à une fuite du chi nourricier qui est essentiel à la prospérité et les autres pièces de la maison seront privées de bonne énergie. Je vous suggère de placer des miroirs et des tableaux sur les murs du couloir pour ralentir le flux du chi;

● Réparez les défectuosités :

Lorsque vous laissez votre maison dans un piètre état, vous ne bénéficierez pas de nouvelles opportunités et les difficultés dans votre vie se multiplieront. Réparez les murs qui craquent, changez les lumières brûlées, changez la poignée de porte défectueuse, lavez vos fenêtres, remplacez les miroirs brisés, lubrifiez des portes qui grincent…Prenez soin bien de votre maison et vous verrez qu'elle vous récompensera avec d'heureuses surprises;

● Videz les débarras :

Si vous êtes sur le point de renforcer votre Feng Shui pour attirer l'abondance et la richesse dans votre vie, vous devez vous assurer au préalable qu'il y ait de la place dans votre intérieur pour que les nouvelles opportunités puissent y entrer. Si vous ne créez pas d'espace pour la richesse, elle ne peut venir chez vous. Commencez par faire de la place dans l'espace physique de votre demeure. Rassemblez les jouets, les vêtements, les meubles, les objets accumulés depuis si longtemps et débarrassez-vous en sans tarder. Si vous voulez devenir riche, vous devez apprendre à lâcher prise et à vous mouvoir avec le courant d'énergie;

• L'énergie des prédécesseurs :

Connaissez-vous les gens qui habitaient dans votre demeure avant vous? Si les anciens occupants avaient eu des problèmes financiers, avaient fait faillite ou connu des pertes d'emplois, vous risquerez d'être affecté par le mauvais chi provenant d'eux. Il sera important de purifier votre demeure pour enlever les anciennes énergies nuisibles;

• Le sha chi dans votre cuisine :

La position de la personne qui cuisine est importante. En effet, la position du four doit permettre à la personne qui cuisine de voir qui entre dans la pièce lorsqu'elle prépare le repas. Si non, le sha chi lui attaque dans le dos et affectera son état de bien-être, sa santé et aussi sa prospérité ;

• La porte arrière de votre demeure :

Lorsque la porte arrière ou la porte de votre patio se trouve au secteur de prospérité (dans la partie sud-est de votre maison), l'argent a tendance à s'enfuir rapidement. Placez une carpette rouge devant la porte pour minimiser les dégâts;

• Le foyer au sud-est :

N'installez pas le foyer au sud-est. Chaque fois que vous l'utiliserez, le feu du foyer brûlera votre argent et votre richesse partira en fumée. S'il y a un foyer dans cette partie de la maison, fermez la trappe du foyer après chaque utilisation. Pour remédier à la situation, placez des vases en céramique près du foyer pour atténuer la force du feu;

Secret : *Pour empêcher les flèches empoisonnées de l'extérieur qui peuvent attaquer votre demeure en vous causant ainsi les problèmes financiers, je vous suggère de placer un miroir Bagua à l'extérieur et au dessus de la porte d'entrée principale. Une autre alternative sera de placer un petit tapis rouge à l'extérieur devant la porte d'entrée.*

Utilisez la porte qui vous donne la prospérité

En Feng Shui, la porte principale d'une demeure est celle que vous utilisez le plus fréquemment pour y entrer. Si vous habitez dans un appartement, ce sera la porte de votre appartement et non la porte d'entrée de la bâtisse.

Il est important que votre porte ne soit pas la cible des flèches empoisonnées. En consultant le secret No 24 de ce livre, vous apprendrez les précautions à prendre concernant la porte d'entrée.

Il est très important que la porte que vous utilisez fasse face à une de vos bonnes directions selon votre chiffre Kua (reportez-vous à la page 31 pour déterminer votre chiffre Kua). Si vous avez plusieurs portes d'entrée, utilisez celle qui donne dans la bonne direction.

La meilleure direction pour vous procurer du succès et de l'abondance est la direction « sheng chi ». Comment déterminer la direction de la porte? C'est très simple. Tout d'abord, vous devez vous procurer d'une bonne boussole. Vous la trouverez facilement dans les grands magasins ou des boutiques de sport. Pour prendre la direction de la porte, prenez votre boussole, sortez de la maison et tenez-vous dos à la porte d'entrée dont vous désirez lire la direction.

Voici les directions Sheng chi pour chacun des chiffres Kua :

Chiffre Kua	Direction Sheng Chi
1	Sud-est
2	Nord-est
3	Sud
4	Nord
6	Ouest
7	Nord-ouest
8	Sud-ouest
9	Est

Secret : Les miroirs ont une influence bénéfique dans une salle à dîner car, en dédoublant les images des couverts et de mets placés sur la table, ils symbolisent le doublement de votre fortune, D'autre part, si la table de la salle à manger est placée sous une poutre, la pression de celle-ci pourra affecter négativement votre carrière.

Semez les graines d'abondance

Voici un des rituels Feng Shui très puissant et très efficace qui vous aidera à améliorer grandement votre situation financière.

Ingrédients :

- 36 petites enveloppes rouges (elles doivent être neuves);

- 36 pièces de monnaie (soit des pièces de 1 dollar);

- 36 feuilles de papiers;

- Une demi-tasse de graine de riz ou de graine pour oiseaux;

- Une plante naturelle ou une plante artificielle en soie;

Préparation :

- À chaque jour et pour les 36 prochains jours, faites une liste de 9 choses que vous souhaiterez avoir ou recevoir;

- Écrivez la liste sur la feuille de papier (prenez une nouvelle feuille par jour). Il faut que vous écriviez à la main;

- À l'endos de la feuille, écrivez la liste des neuf choses que vous êtes reconnaissant d'avoir obtenu dans le passé;

- Placez la feuille dans l'enveloppe rouge;

- Ajoutez la pièce de monnaie;

- Placez l'enveloppe dans un sac ou un pot et déposez-le au secteur sud-est de votre demeure ou de votre salon;

- Visualisez à chaque jour que vous avez réussi à obtenir les choses que vous avez inscrite et ce avec un sentiment de gratitude;

- Après 36 jours, ramassez toutes enveloppes. Sortez les feuilles et les monnaies;

- Lisez chacune de vos 36 feuilles et rayez les choses sur la liste que vous avez réussi à obtenir. N'oubliez pas de noter « MERCI » à côté de chaque souhait obtenu;

- Par la suite, vous déchirez avec vos mains les enveloppes et les feuilles en petits morceaux;

- Mélangez-les avec les graines de riz ou graines pour oiseaux;

- Enterrez-les dans votre jardin, de préférence au coin sud-est. Si vous habitez dans un appartement, placez-les dans un pot avec une plante verte par dessus (soit naturelle ou artificielle). Déposez le pot dans la partie sud-est de votre demeure;

Secret : *Placées dans les secteurs sud, sud-est ou est du bureau ou de votre demeure, les fleurs fraîches représentent une forte énergie de croissance. En émettant une énergie yang dans votre espace, elles sont toujours un bon Feng Shui. Pour augmenter la chance professionnelle, vous pouvez installer un bassin d'eau dans le secteur nord de votre jardin. Je vous recommande les bassins ronds. La forme ronde représente l'énergie du métal qui renforce l'énergie d'eau symbolisant la chance au travail.*

Activez votre secteur de l'abondance

Le secteur de l'abondance se trouve dans la partie sud-est de votre jardin ou de votre demeure. Cette zone est associée è l'élément bois. Cette zone est l'une des plus importante de la maison, car elle représente la richesse de votre famille. En l'activant, vous encouragez la prospérité et la sécurité financière de tous vos proches.

Voici mes recommandations pour renforcer votre prospérité :

1) L'énergie du bois :

Dans le jardin, la partie sud-est peut-être activée en plantant quantité de plantes vertes auxquelles vous apporterez des soins attentifs, car leur vigueur symbolisera l'état de votre richesse. À l'intérieur de la maison, ayez de grandes plantes vertes et choisissez celles ayant des feuilles arrondies. Évitez les cactus ou des plantes aux feuilles pointues. Enlevez régulièrement les feuilles mortes et remplacez immédiatement les plantes lorsqu'elles sont malades. D'ailleurs, privilégiez des meubles en bois dans cette zone. Trop de meubles en métal nuira à votre prospérité;

2) L'énergie de l'eau :

Utilisez l'eau (aquarium, fontaine), car l'élément eau renforcera l'élément bois du sud-est et créera en même temps le mouvement du chi de l'abondance. C'est un bon endroit pour placer des images d'eau : rivière, lac. Ne pas placer à cet endroit les paysages d'hiver car votre prospérité sera gelée;

3) Les couleurs de l'argent :

Renforcez la zone de prospérité avec les couleurs de ton vert foncé ou pourpre dans vos objets et accessoires de décoration. Évitez les tons rouges ou orangés;

4) Allumez votre secteur de richesse :

Si la partie sud-est de votre demeure est sombre, vous aurez de la difficulté à accroître votre revenu. Je vous suggère d'y placer une lampe sur pied avec la lumière dirigée vers le haut, symbolisant la croissance. Vous pouvez activer continuellement votre secteur de prospérité avec une ampoule de faible puissance que vous laisserez allumée en permanence;

5) Les toilettes :

Les toilettes situées au secteur sud-est de votre maison vous causeront des gros ennuis financiers. La chasse d'eau fera fuir le chi de l'abondance hors de votre demeure. Je vous suggère de fermer toujours les portes des toilettes et de rabaisser le couvercle de la cuvette;

6) Symboles de prospérité :

En Feng Shui, il y a plusieurs symboles que vous pouvez utiliser pour renforcer le chi de l'abondance :

- Le dragon : symbole puissant du succès, du pouvoir et de prospérité pour les chinois. Je vous suggère de placer au coin sud-est de votre salon ou de votre bureau un dragon de ton or tenant une boule dans sa main;

- Les poissons : l'image des poissons est considérée comme symbole de richesse dans plusieurs cultures. Les chinois exposent des images de poisson au jour de l'an afin d'attirer la richesse pour durant la nouvelle année;

- Les fruits et céréales: placez une assiette des fruits, qu'ils soient vrais ou artificiels (préférez des raisins et des fruits rouges) ou un bol de riz ou de céréales dans votre salle à dîner pour attirer l'abondance dans votre maison;

Secret : Le Bouddha rieur est le symbole le plus populaire qui représente la joie et l'abondance matérielle. Placez-le toujours sur une table et jamais au sol, par respect. La meilleure position sera en biais de la porte d'entrée principale et il doit regarder vers la porte pour bénir l'énergie qui entre. Déposez de la monnaie dans sa main et préférez des pièces de ton or.

Réparez au plus vite les fuites d'argent

Avez-vous déjà vu les maisons des gens riches avec des fenêtres sales ou un pelouse mal taillé? Votre réponse doit être « non ». L'énergie de richesse n'est pas attirée vers des maisons qui sont négligées ou délaissées. Je vous recommande de bien entretenir votre demeure et de réparer sans délai les dégâts ou les défectuosités si vous désirez attirer vers vous l'énergie de l'abondance. Si vous prenez soin de votre demeure avec amour, la maison vous aimera et vous donnera beaucoup de bienfaits. Au contraire, si vous la négligez, elle se vengera et vous causera toutes sortes d'ennuis.

Voici les problèmes communs observés chez des gens ayant souvent des problèmes financiers :

- Les marches qui mènent à la maison sont brisées ou craquées : vous aurez de la difficulté à atteindre vos buts;

- Les poignées des portes sont difficiles à tourner : les opportunités se feront rares, les problèmes seront nombreux et vos ressources financières s'affaibliront;

- Les fenêtres sales au secteur sud-est : vous aurez de la difficulté à voir clair dans votre situation financière et vous prendrez les mauvaises décisions au niveau des investissements;

- Les lumières brûlées au secteur sud-est : manque de vision, d'énergie et d'initiative dans la poursuite de vos objectifs financiers;

- Les ronds de la cuisinière sont défectueux ou brûlés : en Feng Shui, la cuisine et le four sont très importants car ils symbolisent la source de la prospérité. Si les ronds de votre four sont brisés ou que votre cuisine est sale et tout en désordre, votre prospérité en sera sérieusement affectée. Donc, il est primordial que vous gardiez votre cuisine toujours propre et étincelante. Remplacez ou réparez immédiatement les éléments du four qui sont défectueux;

- Les tuyaux bouchés peuvent indiquer les énergies bloquées et doivent être corrigés sans délai. Lorsque les anciennes énergies ne peuvent pas être évacuées, les nouvelles auront de la difficulté de rentrer. Si les tuyaux bouchés se trouvent au secteur sud-est de votre demeure, cela peut signifier que vous vous accrochez un peu trop à l'argent. Si votre budget est serré, il est normal de calculer chaque sous dépensé. Sinon, cela peut empêcher une libre circulation du chi d'argent;

- Une fuite d'eau peut vous avertir que vous aurez bientôt des dépenses imprévues. Donc, portez une attention particulière lorsque les tuyaux coulent ou que l'eau des toilettes ne s'arrête pas de couler après chaque utilisation;

- Lorsque la partie sud-est de votre demeure est manquante, vous aurez beaucoup de difficulté de cumuler la richesse. Placez beaucoup des plantes vertes sur les deux murs qui forment le coin et, si possible, installez des miroirs sur les deux murs;

- La toilette se trouvant au secteur sud-est de votre demeure entrainera la fuite d'argent par la chasse d'eau. Fermez toujours la porte de la toilette et rabaissez le couvercle de la cuvette.

Secret : Placez dans la salle à dîner un bol doré (de ton or) de riz, destiné particulièrement au soutien de la famille. Le riz symbolise les résultats satisfaisants et la richesse. Cette action est bénéfique pour ceux qui aiment leur profession. Afin de ne jamais perdre votre emploi, mettez chez vous un bol de riz avec des baguettes dorées. Les personnes qui veulent changer d'emploi doivent aussi mettre un bol doré de riz en évidence dans la salle à dîner, ce qui génèrera des nouvelles opportunités de carrière.

Nettoyez les débarras et soyez ordonné

Pour pratiquer le Feng Shui efficace, l'une des manières la plus facile sera de ranger votre maison. Au fil du temps, les objets se chargent en énergie usée et stagnante qui adhère aux meubles et aux objets inutilisés ou restant toujours à la même place. Les débarras et les désordres sont les causes principales des difficultés financières. Lorsque la partie sud-est de votre demeure est encombrée et en désordre, la prospérité prendra la fuite.

Voici comment le désordre peut affecter votre prospérité :

- La cuisine : Lorsque la cuisine est en désordre, le chi nourricier de l'abondance est bloqué. Vous aurez de la difficulté à subvenir aux besoins de votre famille. Gardez votre cuisine propre, cela favorisera les bonnes opportunités financières;

- Le salon et la salle à dîner : votre vie sociale sera affectée et vous aurez peu de support de votre famille lorsque ces deux pièces sont en désordre. Votre réseau de contacts ne sera pas assez fort pour vous faire avancer au niveau professionnel;

- le bureau de travail : le désordre vous causera du stress, un manque de concentration et de productivité. Si vous désirez bénéficier de nouvelles opportunités en affaires, gardez votre bureau toujours propre et ordonné, nettoyez vos filières et faites le ménage de votre boîte de courrier électronique;

- les corridors : les corridors ne représentent pas simplement les couloirs de passage. Ils permettent à l'énergie de se promener et à se répandre dans les différentes pièces de votre demeure. Lorsque les couloirs sont obstrués par de gros meubles ou du désordre, le chi aura de la difficulté à circuler librement et plusieurs domaines de votre vie en seront affectés ;

- la chambre à coucher : le désordre dans cette pièce ne vous permettra pas de vous reposer ni de récupérer facilement. Votre sommeil sera difficile et vous connaîtrez une chute d'énergie. Cela affectera votre santé et diminuera votre capacité de vous concentrer au travail ;

- Les placards représentent souvent les choses cachées, inconnues ou méconnues. Lorsqu'ils sont pleins, cela peut indiquer que vous ne voyez pas clair dans vos problèmes, ce qui peut entrainer des conséquences néfastes dans votre travail, dans votre relation et dans votre vie ;

- Le grenier : cette pièce se trouve au dessus de notre tête. Le grenier rempli de vieux objets crée en quelque sorte une pression sur vous. Vous aurez tendance à être pessimiste et vivrez beaucoup d'insécurité face à votre situation financière ;

- Le garage : la voiture représente la mobilité, l'indépendance et la capacité de se diriger dans la vie. Lorsque le garage est en désordre et rempli de débarras, vous aurez de la difficulté à aller de l'avant dans votre vie.

Secret : Une lumière vive et brillante derrière vous, créant une énergie déséquilibrée dans votre espace, risque de susciter le manque de loyauté et la trahison. Les lampes de bureau en particulier ne doivent jamais être dirigées vers le fond de la pièce, mais éclairer sa partie frontale.

TABLE DE MATIÈRE

Chapitre 4
Choisir une bonne demeure où habiter

Chapitre 5
La maison et son intérieur

Chapitre 8
Feng Shui – Succès dans la vie professionnelle

Chapitre 9
Feng Shui – Une vie familiale heureuse

apitre 10

g Shui – Une abondance de santé

apitre 11

g Shui – Secrets pour augmenter le succès et la prospérité

MARQUIS

Marquis imprimeur inc.

Québec, Canada
2008

sur du papier Silva Enviro 100% postconsommation
chlore, accrédité Éco-Logo et fait à partir de biogaz.

dé   100 % post-   archives   énergie
    consommation   permanentes   biogaz